经济日报社中国经济趋势研究院·中经智库系列丛书

2018 数字经济大会报告

孙世芳　周超男◎主编

经济日报出版社

图书在版编目（CIP）数据

2018 数字经济大会报告/ 孙世芳，周超男主编．--
北京：经济日报出版社，2018.12
ISBN 978－7－5196－0429－5

Ⅰ．①2… Ⅱ．①孙… ②周… Ⅲ．①数字技术－应用
－经济发展－研究报告－中国－2018 Ⅳ．①F124－39

中国版本图书馆 CIP 数据核字（2018）第 263937 号

2018 数字经济大会报告

主　　编	孙世芳　周超男
副 主 编	欧阳梦云　吴　浩　伍业勤　曹珊珊
策划编辑	肖小琴　周　璠
责任编辑	周　璠
责任校对	徐建华
出版发行	经济日报出版社
地　　址	北京市西城区白纸坊东街 2 号 A 座综合楼 710（邮政编码：100054）
电　　话	编辑部门电话　63538621　63567692（发行部）
网　　址	www. edpbook. com. cn
E － mail	edpbook@ sina. com
经　　销	全国新华书店
印　　刷	北京文昌阁彩色印刷有限责任公司
开　　本	710 × 1000 mm　1/16
印　　张	12. 25
字　　数	152 千字
版　　次	2019 年 1 月第一版
印　　次	2019 年 1 月第一次印刷
书　　号	ISBN 978－7－5196－0429－5
定　　价	68. 00 元

序 一

当今世界，数字经济已经进入加速创新、引领发展的新阶段，谁引领了数字经济，谁就掌握了新一轮发展的主动权。

2016年，二十国集团领导人第十一次峰会通过了《G20数字经济发展与合作倡议》，这是世界上第一个由多国领导人共同签署的数字经济倡议。倡议提出，数字经济是指以使用数字化的知识和信息作为关键生产要素，以现代信息网络作为重要载体，以有效使用信息通信技术作为优化经济结构重要推动力的一系列经济活动。数字经济已经日益成为全球经济增长的重要驱动力，在实现包容性增长和可持续发展中发挥着重要作用，惠及世界人民。

中国特色社会主义已经进入新时代，中国经济已由高速增长阶段转向高质量发展阶段。推动数字经济蓬勃发展，对于拓宽我国经济发展空间、培育发展新动能、满足人民日益增长的美好生活需要，都具有极为重要的意义。

党的十八大以来，以习近平同志为核心的党中央高度重视发展数字经济。总书记多次发表重要讲话，对建设网络强国、数字中国、智慧社会都做出了一系列重要论断，谋划了一系列重大战略部署，这为我们准确把握我国发展新的历史方位、全面贯彻落实新发展理念、加快发展数字经济提供了根本遵循。

在数字经济领域，中国正在从跟跑者、并跑者，逐渐变成领跑者。数据显示，2017年我国数字经济的总量已经达到了27.2万亿元，位居全球第二，占GDP比重达32.9%。同时，我们的自主创新能力明显增强，信息基础设施全面提升，数字经济正在和实体经济加速融合。百姓的感受也很直观。大家熟悉的网上购物、移动支付、共享单车等等，都在深刻地改变人们的生活方式。数字经济为人们的日常生活带来了实实在在的获得感。

河北与数字经济有着不解之缘。早在改革开放之初，习近平同志在正定工作期间，就十分重视科技和信息工作，坚持把信息工作摆在重要位置。他指出，科技是关键，信息是灵魂。他带领广大干部群众把科技和信息转化为生产力，搭建信息网络，指导生产实践，带领乡亲们脱贫致富，并且对信息化发展的理论和实践问题进行了探索和思考。后来，习近平同志到福建和浙江工作时，又提出建设“数字福建”“数字浙江”，希望用信息化的引擎来推动地区经济实现跨越式发展。可以说，河北是习近平总书记关于建设网络强国、利用信息化手段提升国家治理现代化水平重要思想的最初孕育地。

近年来，河北省抢抓京津冀协同发展重大机遇，努力推动经济高质量发展。特别是廊坊，不断加快建设科技之城、创新之城，以大数据、智能制造、移动互联网、云计算等为代表的战略性新兴产业迅速聚集，成为数字经济的重要产业基地。

经济日报是党中央和国务院指导经济工作的重要舆论阵地，也是中国最具影响力的经济大报和新型主流媒体集团。我们在认真做好习近平新时代中国特色社会主义思想宣传，深入阐释解读党中央关于经济工作重大决策、重大部署、重大举措的同时，一直以极大的热情关注着数字经济等新经济、新动能、新业态的发展。

2018 年 5 月 18 日，经济日报社和河北省人民政府携手举办“2018 数字经济大会”，邀请各界朋友相聚在这片与数字经济发展有着特殊渊源的热土之上，为大家搭建一个沟通交流的平台，汇集众智、凝聚合力，让我们共同为发展壮大中国数字经济、推动中国经济高质量发展贡献力量。

经济日报社社长　张小影

2018 年 5 月 18 日

序二

数字经济是当前热门话题，也是世界上各个国家都十分重视的前沿领域。到底什么是数字经济？我个人粗浅地认为，它是以数字为资质，以信息作为关键生产要素，以现代信息网络作为重要载体，以互联网技术为应用经济结构，以提升经济效益为重要推手，所形成的一个完整、综合、相互融合并克服了时空个性化的现代经济活动。

当前现代信息技术处在高速发展时代，尤其是微电子技术、软件技术、智能网络计算机及大数据分析技术，包括智能终端技术等发展的创新，由此促进了移动互联网、云计算、物联网、人工智能的应用，对提升现代工业数字化、现代农业数字化、现代社会管理数字化起了巨大的推动作用。由此催生众多的新产业、新业态、新模式，极大地改变了社会生产、社会消费、社会管理等各个方面。数字经济的发展对社会产生巨大影响，推动社会生产力的提升，促进人与自然的进一步和谐，使人们的生活更加美好。

数字经济的发展，是随着信息技术深入发展而产生的一种现代化的新的经济形态，也面临新的生产方式与传统生产方式、新的规则要求与传统习惯之间发生冲突，为此，必须适应新时代的要求，不断创新。劳动者的素质必须适应新形势新要求，经济活动的规则要适时调整，向社会提供服务的生产者更要提升社会责任，消费者的行为需要更加规范。总之，数字经济的发展，需要管理者、生产者、消费者共同为促进数字经济的健康发展，提供一个清洁的经济活动环境。

数字经济大会为大家提供了一个好平台，让大家进行深入交流和探讨，互相学习共同提高。让我们在习近平新时代中国特色社会主义思想的指引下，结合中国国情，为实现中华民族的伟大复兴，促进我国数字经济健康、快速发展，做出新贡献！

原信息产业部部长　吴基传

2018 年 5 月 18 日

前言

“凡是能够数字化的，都将数字化。”15 年前，“数字彩色胶印之父”本尼·兰达的预言今天正在加速成为现实。数字广泛快速地渗透到购物、教育、医疗、管理等社会经济生活的方方面面，甚至改变了人类社会的治理格局。另一方面，数字经济发展还存在数字资源开发水平低、缺乏高素质人才、体制机制滞后等制约因素。如何引领数字认识、引导数字经济造福人类，是整个人类社会接下来需要持续探索的课题。

党的十八大以来，中国政府高度重视数字经济发展。2016 年 G20 杭州峰会上，习近平主席提出了要将发展数字经济作为中国创新增长的主要路径；2017 年《政府工作报告》再次提出要推动“互联网 +”深入发展，促进数字经济加快成长的要求；党的十九大报告也首次将数字经济纳入关键词，并且对数字经济提出了更高的要求：“加快发展先进制造业，推动互联网、大数据、人工智能和实体经济深度融合，在中高端消费、创新引领、绿色低碳、共享经济、现代供应链、人力资本服务等领域培育新增长点、形成新动能。”

为贯彻党的十九大精神，推进互联网、大数据、人工智能等数字经济新兴产业和实体经济深度融合，建设现代化经济体系，河北省人民政府联合经济日报社共同主办了“2018 数字经济大会”，并将大会主题设定为“新时代·新动能：数字经

济 智慧未来”。此次大会上，政府官员、专家学者、企业家三方不仅就中外数字经济、数字经济与实体经济转型等相关领域的前沿问题进行了讨论，还就数字经济发展的一些边界模糊的问题进行了分析，并针对数字经济下一步如何发展、数字经济与政府治理方式转变等前瞻性问题进行了发散性探讨。

本书编撰的初衷是希望记录政府官员、专家学者、企业家在会上思想碰撞的火花，汇集会议精华，为广大读者，尤其是政府和企业了解、制定数字经济时代的政策、发展战略提供借鉴。由于编写者专业知识与理论研究局限，本书难免存在诸多不足和问题，欢迎广大读者指出，不吝批评指教！

目录

CONTENTS

上篇

专家演讲

2018
数字经济大会报告

发展数字经济　建设制造强国

工业和信息化部原部长、中国工业经济联合会会长　李毅中

数字经济是新一代信息技术与实体经济深度融合产生的新经济形态。在经济全球化和信息化的大格局下，我国的数字经济蓬勃发展。数字经济是全球发展趋势，是制造强国、网络强国的国家战略，必须抓住机遇、长远谋划、统筹推进。

怎样抓好数字经济，路径是什么？要抓好大数据、互联网、云计算、人工智能，新一代信息技术与工业制造业的深度融合，催生新技术、新产品、新产业、新业态和新模式。核心技术、关键技术受制于人必须打破。要自主创新、矢志不移地科技攻关，实现自主可控，加快建设制造强国，是促进工业制造业转型升级，迈向中高端。这也是发展数字经济最主要的目标之一。

这几年国家出台了一系列规划和政策，如积极推进“互联网 +”、促进大数据发展、深化制造业与互联网融合发展，以及人工智能的发展规划等。“中国制造 2025”主线是新一代信息技术与制造业的深度融合，通过实施创新中心建设、智能制造、强基工程、绿色制造、高端设备创新五大工程推进建设制造强国。以上这些决策部署是从国家层面，对发展数字经济、数字工业提供了顶层设计，明确了目标任务，提出了实现路径。各地、各行业在此基础之上务实推进，取得了成绩，积累了经验。

从地方经济看，各地政府普遍重视，从实际出发，都在统筹规

划、强力推进。其共同点是注重规划引导和政策支持，注重基础设施建设，注重吸引人才、集聚资源，注重电子政务并做出表率。但情况不一，各有特色。贵州省、浙江省的做法对欠发达地区和发达地区很有代表性。贵州经济和工业基础较为薄弱，企业和社会的数字意识相对欠缺，尚未形成领军企业和带头人，需要政府强势主导，兼做指路者、推动者和参与者，起到“第一推动力”的作用，“大扶贫、大数据、大生态”取得显著成效。如今贵州已集聚了一大批国内外著名企业，全省电子制造业增加值从 2014 年到 2017 年年均增长 78.9%，“两化融合发展指数”全国排名上升了 10 位。浙江经济基础好、信息化水平高，企业创新意识、主体意识强，已涌现一批带头企业和领军人物，政府重在“服务 + 引导”，建立创新机制，促进企业数字化转型向更高水平发展。如今浙江“两化融合发展指数”从 2012 年的全国第 7 位上升到第 2 位，2018 年上半年浙江 GDP 增幅 7.6%，其中数字经济的核心产业增长 14.7%，“数字浙江”在全国全球都有深远影响。

从各领域各行业看，首先是在商贸、物流、交通、金融、社会管理等服务行业取得了巨大成功，同时信息技术与工业、制造业深度融合，数字经济推动工业转型升级迈向中高端。如今信息技术已广泛渗透融合到社会生活的各个领域、各个层面。我们把由于数字化、网络化、智能化推动经济增长的那部分，叫做数字经济。数字经济不是划分行业的标准，而是新时代下新经济的显著特征。因此，提出一个概念，数字经济对经济增长的“贡献率”，即经济增长中多少是数字经济的贡献作用，这几年明显提升，不仅衍生了一些新产业、新业态，并且使更多的领域、更多的行业的信息化程度逐步提高。

信息化引领带动数字工业快速成长

工业是我们的立国之本，对国民经济发挥着支撑和带动作用。我国工业门类齐全、规模巨大，专业性强，总量世界第一。因此，推动数字工业显得难度更大、任务更重，这几年也取得了明显的成效。

第一，信息产业为数字经济提供了技术支撑和装备保障。实施"宽带中国"，加强网络建设，到 2018 年上半年，固定宽带 20 兆已经普及了，50 兆以上 80.5%，其中 100 兆以上的占了 53.3%，光纤入户率达到 86.7%，移动宽带普及率（3G+4G）达到了 86.3%。提速降费，2018 年上半年移动流量的平均资费比 2017 年底下降了 46.2%，一些网友还是不太满意，觉得我的费用没降反而增加了，那是因为你的流量用得更多了。发展智能终端，最典型的是智能手机已基本普及，这是前几年想不到的。建设数据库、计算中心等基础设施，推进超级计算、北斗导航。这些成绩是信息产业提供了技术支撑和设备保障，信息产业包括电信设备制造业、通讯业、软件业和互联网产业，加起来 2017 年的增加值 7 万亿元，占 GDP8.5%。

第二，企业发挥了发展数字经济的主体作用。制造业企业以智能化为中心，各具行业特点搞技术改造升级，比如生活资料的制造企业和市场关联很密切，所以用大数据市场细分，开发产品，创造品牌。像红领、海尔已成为服装、家电行业的典范。另一类企业是生产资料的制造企业，已经有较好的技术装备，在这个基础上进一步扩大丰富数据的采集、分析、应用，由自动化 3.0 向 4.0 智能化迈进，只有智能化才能实现精准制造。如中国航天、商飞、徐工、三一重工等都取得了成功。

互联网企业开始在服务领域取得了巨大的成功，积累了经验，如电子商务、互联网金融等。这几年他们转而去关注与工业、制造业跨界融合。我到阿里云去调研，他们告诉我在 2017 年 6 月出台了一个"ET 工业大脑"，依靠算法和网络的优势与企业结合，通过数据的分析、计算，提出改进意见去指导企业，已经有十几个成功案例。如今众包、众创研发设计，众投、众筹的资本运作，网络化协同制造，个性化规模定制，以及服务型的制造，在重点行业和骨干企业已经普及了。

第三，制造业数字化和智能化的一些标志性指标大幅度提升。比如“中国制造 2025”中有三个“两化融合”的重要指标。一个是数字化研发设计工具的普及率，在 2013 年是 52%，2018 年上半年是 67.4%。第二个指标是关键工序的数控率，同期由 27% 提高到 47.8%，还有一个就是宽带普及率，已经超过了原定 2020 年的指标，其中固网从 37% 提到 80.5%，而且质量高了，是指 50 兆以上的移动宽带从 32% 提到 86% 以上。此外，还有一个指标是“制造业万名工人拥有的工业机器人数量”，简称机器人强度，在 2013 年有 23 台机器人，现在 50 台，接近了世界平均水平，在许多行业普遍使用，智能化水平有明显提升。还有一个指标，全国每万人口拥有的授权发明专利数，在 2013 年是 4.02 件，2017 年是 9.8 件，翻了一倍多，而发明专利中六成来自于企业。

要总结近几年的实践经验。发展数字工业，根基在企业，要从企业做起，重点抓好构建企业互联网和打造智能工厂这两件事。构建企业互联网，企业内部物理单元和控制系统融为一体，形成数据采集、整理、分析、传输的企业内网；企业外部与供应商、销售商、投资人、用户等利益相关方互联互通形成企业外网，或者直接“企业上云”；发挥龙头骨干企业作用，进而形成行业、区域工业互联网。打造智能工厂要突出行业特点，针对技术、产品、市场及生产运营模式的特征，探索相应的具有优势的方式；要从实际出发，按照工业 2.0、3.0、4.0 的台阶，补短板、强弱项，按照自动化、数字化、网络化的路径分层次打造自动化生产线、数字车间、智能工厂。要尊重规律、循序渐进，防止千企一律、一拥而上。

发展数字经济存在一些问题，要研究破解

第一，大数据产业的支撑能力不够，需要加强自主创新。刚才列举了信息产业取得的成效，但是由于各种原因，核心技术、关键技术受制于人的局面没有根本改变，产业结构处于中低端的格局没有根本改变。尤其是近来，大家越来越感到我们确实还存在很多问题和差距。讲成绩、总结经验是正能量，找问题、克服解决也是正能量。比如，我们在核心元器件、高端芯片、集成电路、基础软件、数据处理分析，可视化呈现等各方面仍然存在着较大差距，就举一个数字，高端专用芯片 95% 依赖进口，掌握在人家手里。所以，要加快大规模集成电路、5G 通讯、IPV6 互联网、操作系统、智能传感和控制、人工智能等领域的科技攻关，进一步提升发展数字经济的技术支撑。海量数据蕴藏着规律和逻辑，关键是要把它挖掘出来，整理、分析、应用，数据资源才能变成财富。因此，只有和互联网、物联网、云计算等信息技术结合应用，并且运用相应的智能终端，大数据才能成为有用的工具。

第二，企业数字化转型意识不足，应用深度不够，需要引导和支持。不少工业企业对使用数字技术提高本行业、本企业的效率，促进转型了解还不够。加上一些名词概念层出不穷，有些也不够准确，弄得一些企业不知所措，产生困惑和疑虑。一些评价评估不尽合理，不够简明、不够实用。一些工业企业对大数据技术掌握不深，数据挖掘加工不够，应用的路径还不清楚，所以在那里观望，止步不前。一些大数据企业对工业领域的需求理解不深，因此缺乏面向行业的大数据产品和解决方案，难以满足企业要求。建议要加强对数字化转型典型的交流推广，引导工业企业与互联网企业加强合作，开发应用方案。大数据对工业转型升级的作用能不能发挥，关键取决于大数据是否和工业转型升级的突出问题相结合。当然行业不同，重点难点也不同，

因为工业行业，大行业 41 个，中行业 191 个，小行业 525 个，一定要下功夫认真剖析。

第三，需要处理好提高效率和保障就业的关系。企业普遍采用智能控制，采用高档数控机床、工业机器人，“机器换脑”“机器换人”显著提高了劳动生产率，但是也带来了一些问题。一方面大数据的专业人才缺乏，尤其缺少复合型人才，既有大数据理论知识又懂得工业规律的复合人才太少了，同时，也需要兼具行业知识和数字知识的新型产业工人。另外一方面也会减少用工岗位，带来下岗失业的问题。2018 年 4 月份我接待了一个法国数字工业的代表团，据“法国就业指导委员会”测算，法国到 2025 年因为数字化会减少 300 万个工作岗位，大概占法国就业岗位的 10%，他们也测算了中国将要减多少，这个数字太大了。所以要做好复合人才培养和再就业培训，鼓励企业和高校合作培养复合人才，加强对从业人员的再学习，尤其对下岗工人的再培训，促进再就业、“稳就业”。浙江省这几年机器换人，减了 200 万名，但通过社会消化吸收，保持了稳定，200 万大概是浙江省二、三产就业人员的 6%。再如贵阳市高新区，这几年数字经济本身的岗位、为数字经济服务的岗位加起来增加了 4.2 万人的就业，他们的经验值得总结。

第四，信息安全问题严峻。如个别大数据服务商，没有经过授权，私自采用和使用企业或者个人数据，企业的商情机密和个人的“隐私”信息安全得不到保障，媒体曝光了不少案例。还有一些企业担心数据丢失，不愿意把数字交给互联网企业，也限制了数字的使用效果。还有我国工业控制系统，大量采用计算机、互联网，由于管理不善或是黑客攻击，牵一发而动全身，弄不好控制失灵、运行瘫痪，影响就太大了。另外，数据高度集中也带来了风险集聚，出问题就会影响国家安全。数字安全的问题怎么办呢？迫切需要开发应用防护技术，加强法规制度建设。要明确主体责权，数字的采集应用范围和方式要界定在一定范围内，不能随意使用。要研发防护技术，保障新情况下工业控制系统的安全，工信部国家工业信息安全发展研究中心告诉我，他们打算用三年的时间打造一个互联网平台，让十几万家工业骨干企业都能通过平台预警预测、补漏治理。要健全网络安全的法规，制定细则方法和司法解释，加强行业自律，加大对违法行为的惩戒。

遥感与数字经济发展

中国科学院院士　童庆禧

“数字中国”的提出，与1998年时任美国副总统的戈尔提出来的“数字地球”计划密切相关。1999年，中国召开了第一届国际数字地球会议，并且发表了《北京宣言》，数字中国、数字地球的相关活动由此展开。2007年，香山召开的科学会议上第一次从科技层面上对数字中国的内涵和发展进行了探讨。2008年，美国IBM总裁彭明盛又提出了“智慧地球”的概念，提出形成所谓的“物联网”，实现人类社会与物理系统的整合，数字中国的发展也借鉴了其中一些先进思想。这些是数字中国发展第一阶段的基本脉络。

2010年之后，数字中国进入新的发展阶段。2015年，第二届世界互联网大会开幕式上，习近平总书记明确提出推进数字中国建设、发展分享经济、支持基于互联网的各类创新，提高发展质量和效益。这也被认为是数字中国建设进入新阶段的标志性事件。

以前“数字中国”的概念主要考虑物理空间和实体空间的数字化，而新一代“数字中国”指在一切以数字资源基于实体空间和网络空间环境下的集成与表达，并以此为基础形成以分享经济、数字经济为代表的经济社会活动，体现了数字化、网络化、可视化、社会化为目标的信息化发展方向。基于大数据战略、互联网创新、“互联网+”相融合，是新一代数字中国的重要特点。

近年来，中国在数字经济方面发展非常迅速。数字经济特别是信息化时代所涌现的新领域、新技术、新业态、新产品、新服务，已经成为驱动和引领经济高质量发展的新动力。2017 年我国数字经济的规模达到了 27.2 万亿元，在中国的 GDP 占比达到 32.9%。

数字化产业是数字经济的重要组成部分。从战略性新兴产业十三五规划看，新一代信息技术、高端装备中的遥感及应用产业和数字创意产业，几乎占据了战略性新兴产业名录的一半。据预测，未来几年我国商业遥感卫星产业将保持 35% 的增速，到 2020 年，国内商业遥感产值将达到 250 亿元。所以，遥感技术和数字经济是相互依存的，把数字经济和遥感技术相结合，对于整个国家、社会的发展至关重要。

遥感大数据的特征

遥感大数据具有所有大数据全部特征，并且更加突出的是宏观性、海量性、客观性、多元性、真实性和实时性。

首先，宏观性。遥感可以具体到地球表面进行可视化直观表达，帮助人类的认知从微观到宏观，这是认识论的一个重大飞跃。

其次，海量性。每一级遥感影像都是百兆级、千兆级，比如我国的高分二号卫星，十分钟过境，传输的数据量能达到 4.8TB，后续的高分专项卫星的数据将增加数倍甚至数十倍。

第三，客观性。任何一个卫星遥感的数据，反映的都是地面的客观景象，这些景象不以人的意志为转移，如果造假，马上能看出来。可以对比 2011 年日本滨海城镇海啸前后的遥感图像，原来美丽的城镇，海啸以后完全被夷为平地，这就是一种客观性的再现。

第四是多元性。现在遥感监测不仅仅利用可见光辨识图像，还利用紫外线、红外线、微波等进行监测。

第五是实时性。遥感观测是实时同步的，可以随时反映地面真实状况。比如香港机场一架飞机的起飞过程，甚至是高速公路上的车祸，都可以被卫星真实地记录下来。

遥感数据具有非常高的信息密度，遥感影像的数据可以回答“三W”，即是什么、在什么地方、在什么时间发生的事件，这个事件发生时所在的环境。也可以说遥感可以在任何时间、地点对任何人进行服务。比如 2008 年北京奥运会，在青岛举行帆船赛事。就在离奥运会开幕前的一个多月，青岛外海出现了大量的浮苔，遥感部门配合当地政府对浮苔位置进行了精准定位，动员了上千条民船进行打捞，才保障了帆船赛事的顺利进行。

遥感信息既有隐形信息也有显性信息。即使是显性信息，想要进行精确解读，也需要遥感应用人员具有广泛的地理学、地质学、生物学甚至经济学等专业知识。而隐形信息更需要专业人员进行深加工处理，进行信息的提取和挖掘，形成数据 – 信息 – 知识 – 智慧完整的认识链，助力国家、区域、城市和社会的治理，推动社会经济的发展。

智能化、智慧化，甚至把人工智能用到遥感信息的处理和提取上，实际上这是我们遥感科技人员最重要的任务。需要我们把相关学科的知识程序化、模型化、智能化，人工智能将来是遥感数据处理和分析的重要手段。

遥感推动智慧城市建设

遥感信息是整合各类信息的基础和空间框架，在智慧城市建设中发挥着不可替代的作用。

城市是人口最密集、交流最频繁、创造经济价值最高的地方，但或多或少也会患有城市病。智慧城市建设是实现城市经济转型、精细管理、优化服务的重要途径。建立智慧体系极其不易，而遥感技术在智慧城市建设中发挥了重要作用。

卫星遥感、航空遥感作为人类视觉的延伸，在宏观和微观两个层面上发挥作用。宏观层面可以观测城市的水质、水系、布局、发展、减灾、交通、区域结构等方面，以判断城市发展的科学性、合理性、整体宜居性等。而微观层面则是更贴近城市居民的生产生活活动，尤其是随着卫星分辨率的提高和低空遥感无人机的应用，遥感在城市的微观领域发挥的作用越来越大。通过对遥感大数据挖掘，提取城市信息，最终得到综合信息产品，服务于智慧城市建设。

中国已经成为遥感大国，要把遥感工作做好，支撑数字中国的建设。国家在遥感和空间信息技术一系列重大项目的实施，特别是民用空间基础设施建设的推进，遥感大数据必将得到更大的发展，也必将推动数字中国建设，在国家经济社会发展中发挥越来越重要的作用。

培育数字企业　加快数字转型

国家信息化专家咨询委员会常务副主任　周宏仁

众所周知，数字经济已经成为当今世界经济发展的一个热点，受到世界各国的广泛关注。事实上，数字经济源远流长。1946 年电子计算机发明以后，很快就走出了科学家的象牙塔，开始服务于企业和政府，企业首先是以金融业应用为代表，政府首先是以财政和统计部门应用为代表。所以，在那个时候已经为国民经济注入了数字经济的成分，但是所占的份额比较小。70 多年来，随着全球信息化的飞速发展，数字经济在国民经济中的比重也不断增加，重要性越来越突出。顺应时代潮流，当务之急是推动数字转型，通过发展数字企业，加快发展数字经济。

企业数字转型是数字经济发展的关键

量变一定会带来质变。2016 年 1 月，世界经济论坛与艾森哲公司合作，发表了题为《产业界的数字转型：数字企业》的白皮书。其中一个基本的观点是，目前信息技术在经济社会发展中的作用，已经从提升效率和劳动生产率的辅助角色，快速演变为基础创新和创造的赋能者（Enabler），成为支持经济社会创新发展的主要角色。很多人认为，这是所谓“第四次产业革命”最重要的内涵，是一个信息化新时代来临的标志。发展数字经济，必须大力培育数字企业，但数字企业并非从天而降，而是由推动现有企业实现数字转型而成。值得注意的是，数字转型（Digital Transformation）与数字化转型（Digitalization Transformation）不是一个概念，前者强调的是企业商业模式的转型，而后者强调的则是企业运行模式的转型。就好像任何商业模式都有可能数字化，但是，数字化的商业模式并不等于数字商业模式。如果我们将二者混为一谈，我们可能就错失了数字转型的机遇。

“大智物云”是企业实现数字转型的技术基础

当前，信息化的发展进入了一个全新的时代，“大智物云（大数据、人工智能、全球物联网、云计算）”成为新一代信息化的四大技术基础。其中，人工智能是智能化的目标技术，科学技术含量比较高；大数据和云计算是信息化普及应用的主要技术手段；而全球物联网（包括现在快速发展的5G移动通信技术）则是最具广泛性的基础应用和切入点，是“大、云、智”赖以进一步发展的应用基础。四大技术的发展，正在重构全球一体化的“计算”架构体系；相应地，也正在重构基于云计算、雾计算和边缘计算的全球网络结构。全球物联网的任何一个终端，即人、机、物，都将成为这个全球计算架构体系的“分子”，而“计算”和“智能”将从“分子”开始。在这个架构体系下，计算、数据、智能将无所不在。

这四大技术中，特别值得企业家关注的是全球物联网的发展。人、机、物都要接入物联网，意味着全球任何有联网意义的产品和服务都必须具有信息感知、智能计算、自动识别和联网的功能。换而言之，全球每一个生产有联网意义产品的企业家，都必须考虑自己产品的数字化、网络化、智能化改造问题，也就是企业实现数字转型、改造成为数字企业的问题。全球物联网正是企业实现数字转型最好的抓手。拒绝数字转型的企业无疑将在数字大潮的竞争中被淘汰出局。

一个非数字企业改造为数字企业的过程，就是这个企业实现数字转型的过程。其中，最重要的是企业商业模式的转型，即由传统商业模式转变为数字商业模式。与之相应，企业的运行模式也必须转型为数字运行模式，即基于计算机和计算机网络的运行模式。商业模式和运行模式的转型，必然导致企业人才结构和核心技能的转型，即数字技能和人才将成为企业的核心竞争力。数字转型是十八世纪工业革命以来企业面临的最为艰巨和严峻的挑战，是每一个企业的生死存亡之战。

物联网的发展为中国企业数字转型提供机遇

企业的数字化、网络化、智能化发展，是中国信息化发展中最薄弱的一环，很多中小企业尚处于信息化绿洲环绕的沙漠之中。各种统计数据表明，当前全球信息化发展已进入一个新的历史阶段，我国只有大约 60% 以上的企业部署了企业信息化系统。其中，一半以上只开发了办公自动化（OA）系统，而建设和使用企业资源计划（ERP）系统的企业不到 30%，使用客户关系管理（CRM）系统的企业不到 26%。

国家信息化专家咨询委员会组织进行的“关于中、美、德、日、英、韩、法、俄、印等九国数字经济发展的比较研究”表明，尽管在“个人类数字应用”中，中国排名第三，但是，在“企业类数字应用a”中，中国却敬陪末座。显然，广大的中国企业，特别是中小企业的数字转型，既是中国发展数字经济极好的机遇，也是中国发展数字

① 企业类数字应用共包括 7 个指标，即：拥有网站或主页企业占比、使用云计算的企业占比、人均电子商务（在线）交易量、ICT 对新组织模式的影响程度、ICT 对新商业模式的影响程度、ICT 服务出口在贸易总额中的占比、ICT 服务进口在贸易总额中的占比。

经济所面临的紧迫而严峻的挑战。

在当前新一代信息化的四大技术基础中，并不是每个企业都有能力去问鼎大数据、云计算或人工智能等技术的创新发展。工业 4.0 和工业互联网，是企业（特别是大型或超大型制造企业）构建基于“大智物云”、全球一体化的信息系统发展所追求的企业信息化的高端目标，这远非大多数中国企业近期力所能及。但是，每一个企业都有可能在全球物联网、数字经济中，找到自己的一席之地。在上述的“九国数字经济发展比较研究”中，中国在物联网潜力方面居于九国之首，也正是说明了对于大多数中国中小企业而言，下一阶段信息化发展的重点之所在。

任何一个想有所作为的中国企业家，都应该将目光关注于全球物联网的发展需求，不失时机地找到自己的发展定位，以此作为企业数字转型的抓手，一步一步地推进企业的产品走向数字化、网络化、智能化，并向着成为一个新型的数字企业发展。

重新认识并加快推进数字经济发展

中国国际经济交流中心总经济师　经济学家　陈文玲

美国在当前还是世界上第一强国，特别是在高新技术领域，中国与美国的差距还非常大，在军事、科技、制造业、教育这些方面，中国也有很大差距。中国 GDP 总量占美国 2/3 左右，但是按人均收入水平来说，仅是美国的 1/5。在数字经济发展的水平上则是尺有所短，寸有所长，像互联网根处理器等硬件、硬科技、硬实力方面美国占据绝对优势，而在数字经济应用和商业模式创新方面中国则迅速发展，某种意义上说，谁能抢占数字经济高地，谁就能赢得未来。

在已经高度数字化的今天，我国移动支付渗透率高达 77.2%，在这样的情况下硬科技、硬实力、硬件发展水平如果跟不上，我国数字经济发展就会受阻。当前怎么认识数字经济？它为什么代表着未来的方向，为什么代表着一个国家的国运？我有以下几方面认识：

第一，数字经济条件下与数字经济相关的生产要素是新型战略性生产要素。社会生产力有三要素，我认为，现在所有的要素中应该加上第一要素——新的生产要素，它是战略性资源——数字资源，包括数据资产，就是在交易交往联系过程中产生的数据流量、存量和增量；包括数据资源、数据流动、数据交易、数据生态、数据财富，这些构成了数据资产。未来随着数据经济发展，数据可交易、可创造财富的能力将会越来越强。所以，作为新的生产要素，它不同于原来我们所说的生产力三要素，它是战略性要素、先导型的要素、起决定性的要素，因为我们已经进入大数据时代。

第二，数字经济是具有崭新的、颠覆性变革的内在力量。习近平总书记在党的十九大报告中指出，突出关键共性技术、前沿引领技术、现代工程技术、颠覆性技术创新。最近多次强调，核心技术是大国重器。这些无一不是建立在数字经济高度发达的基础之上，是未来对于科技革命至关重要的标志性东西和基础性东西。数字革命之所以将产生崭新的、颠覆性变革，主要是体现在五大方面：

一是它将引发制造业业态变革。制造业业态将从过去传统的制造业联系转向由信息驱动或先导形成的更加具有黏性的联系，包括产业链、供应链、服务链、信用链、资本链、价值链，价值链实际上是其他链条的总和在价值中的体现。由于数据化工业形态的变化，使制造业变成了智能制造，变成了信息化、国际化、网络化、柔性化的软性流程和智能引擎的制造，它用软的方式连接、以信息化的连接形成制造业产业与产业连接、环节与环节连接、流程与流程连接。所以，美国工业互联网、德国工业 4.0、中国制造的智能化升级，其发展方向都是相同的，都是在大数据时代、信息化时代、数字经济时代，在政府推动下以企业为主体、市场发挥决定性作用的进程。哪个国家能够顺势而为，能在数字经济中在产业方面占领高端或制高点，谁就能赢得未来。

二是它将引发世界经济形态的根本性变革。二三十年之前，世界总体上还是以实体经济为主的经济形态，当代世界经济则由于数字经济变成了两种基本经济形态：实体经济与虚拟经济。这两种经济形态构成了现代经济的两个轮子，双轮驱动、缺一不可、互为支撑。只说“脱实向虚”是不对的，我们千万不能放弃虚拟经济。有人说产能过剩就是虚拟经济，说现代金融就是虚拟经济，我认为，这种观点是错误的，是对现代经济的曲解。虚拟经济是指虚拟经济形态，相对应于实体经济形态，实体经济形态要健康发展，虚拟经济形态也要健康发展。虚拟经济就是由于大数据发展、信息渗透使实体经济产生的虚拟部分，或是一些服务业的服务能力变成了一种虚拟的空间，在虚拟空间产生的服务能力和增值价值，包括在网络上的服务能力，这可能对我们在现代经济条件下，能否创造新业态新商业模式新动能是至关重要的变革。

三是它将引发流通形态的变革。商流、物流、信息流、资本流，流通的过程将数据化，而信息作为流通的基本要素禀赋进入流通，它将是大流通中最大的变量，形成了线上线下、实物虚拟相互融合的新流通形态。比如形成线上线下相互融合的新零售方式，形成以信息化引领的新物流方式。商流、物流、信息流、资本流会发生巨大的形态变化和流程再造。

四是它将使社会形态和社会治理发生革命性变化。智慧城市、数据社会、人民社区的存在、人们的交互方式、信息的传输方式、人们的交往方式都会发生根本性变化。在数据化社会，人们觉得丢了手机会比丢了钱包还难受，因为在数字化时代、数字经济条件下，你和社会交往的通道被打断了，所以你瞬间觉得没有手机就没有了自我，就失去了社会存在感。

五是它将使城市形态、乡村形态发生根本性变革。历史上几十万年来，世界处于原始社会，后来进入农耕社会，近几百年来，经济社会发展则始终是以城市为主体。在数字经济条件下，将来的空间布局一定会由单体城市、城乡分割或者仅限于城市之间关联的城市群、城市带、城市圈，变成城乡融合发展的城市群落。一定是由于物联网、互联网、大数据、云计算、云服务、人工智能以及高铁网、高速公路网、航空网，把城市与乡村连接为一体。这样的城市群落是网络化的存在，实际上是由大数据支撑、网络化存在的结果。数字经济正在并将继续使城乡形态发生根本性变化，城乡融合的未来将是城中有乡、乡中有城，城乡相间、城乡相连的空间布局，农村是城市的后花园，城市是农村的厅堂。城乡之间人流、物流、信息流、资本流形成双向流动，很多优势资源会在数字经济形态下加快向农村流动。

需要研究的几个问题

新的战略性资源、新的颠覆性变革、新的战略性选择，要瞄准基础性作用的硬科技。支撑未来颠覆性变革是硬科技，是硬基础设施建设和数据化的软基础设施建设，是核心硬件和物联网。当前和未来相当长一个时期，有四大类硬基础化数据建设要攻关。

第一类：物理类的数据基础建设，包括无人驾驶、无人卖场。此外，还有3D打印、新材料、机器人，特别是控制型机器人。

第二类：数字类的数字基础建设，包括物联网、区块链、云计算、大数据。

第三类：服务类的数据基础设施，基于云服务，智慧云、交通云、人工智能、数字交通、人工智能形成的数字经济的传输方式。

第四类：生物基因类的数据基础设施，包括基因图谱、基因测序等。

未来真正要实现万物互联、万物感知、万物可视和万物智能，最后形成数字经济形态和数字经济结构。当这个时代到来的场景展现出来时，人们既能享受数字生活带来的便利和便捷，也会带来一些挑战和不便，比如隐私权保护问题亟待解决。国外有一些产业政策，特别在高新技术产业政策上的大量战略要领先于中国。比如克林顿时期就有高速公路计划，是典型的高新技术产业政策。中国发展数字经济战略需要攻关，要在硬科技上下功夫，获得硬实力、打好硬基础，国与国之间的竞争将来会表现在高端制造业、高科技产业方面，这方面竞争将会更加激烈。

现在中国在数字经济发展的很多方面领先，但我们主要是在应用角度。我们在数字应用、商业模式创造这些方面确实走在了全球前列，我们如何步入大数据时代，进入高质量发展阶段，形成中国的核心技术和支撑性技术设施？怎么能形成跨领域、跨行业合作攻关的优势？比如说芯片，之前很多企业都在研究芯片，只不过还没成功就放弃了。要形成攻关的优势，需要长期的克服社会浮躁氛围，集中精力，持之以恒，才能真正做出原创性的东西。

我认为在三种创新路径中，原始创新是短板，引进消化吸收创新是一般采用的方式，集成创新是我们的优势，但原始创新是根本。在数字革命时代，有些国家把原始创新作为制衡和遏制别的国家发展的武器，中国如何不被卡住脖子？如何能够进行前进？我们建设社会主义现代化强国的进程不被打断？这些是非常严峻的问题。所以，我们要重新认识数字经济发展的战略意义。要及时转变传统的思维定式和管理定式。其中，应该重视的一个方面是，加快推进和发展下一代贸易——E 国际贸易。

美国提出的数字经济，其数字流动、数字贸易是数字产品的贸易，而我们提出的 E 国际贸易——下一代贸易方式是线上线下相融合的数据化贸易方式，即形成以数据化引领形成的贸易流量、贸易方向和贸易方式，从而突破传统贸易方向对我国形成的制约与遏制。另一方面，我们也需要数字跨国界的自由流动。如果政府管理部门仅仅从管制出发、从意识形态控制出发是不行的，我们需要研究数据流通的规律。所以，我们应该找准未来发展趋势，对数字经济等重大问题重新认识思考，这样才能真正占领制高点，才能在国际社会上起到正向的作用。

数字与中国经济的转型升级

中共中央政策研究室经济研究局原副局长　经济学家　白津夫

随着科技创新和产业变革，推动数字革命蓬勃兴起，开启人类社会全新的数字时代。这是数字定义一切的时代，正所谓“数化万物”！一切源于数据，一切都在数字化。经济社会规模数字化，形成新的数字化场景，在深刻改变社会生活方式和人们行为模式的同时，也在推动经济转型发展和经济体系重构。

基于此，我们从“数字与中国经济的转型升级”这一视角，来探讨中国经济转型的内生动力和内在逻辑，透视产业数字化推动经济转型发展、数字产业化引领经济现代化。

经济转型的数字逻辑

对数字时代的经济转型，不能局限于传统的思维模式、固守工业时代理念，要有新的“视野格局”，从数字革命的规律来认知、从数字逻辑来解读。如果说过去几轮的经济转型更多局限于技术层面和产业层面，那么，数字时代的经济转型发展是由数字驱动、以数字呈现的，是深层次、多角度、全流程的，目标是建立现代化经济体系。

一是数字驱动经济转型。无论是主动转型还是被动转型，数字覆盖转型全过程，通过数字化赋能，深度融合线上线下资源，打通供给需求瓶颈，推动商业模式、组织模式和就业模式发生革命性的变化。

数字化进一步拓展经济边界，形成基于数字技术，由数据驱动、平台支撑、高效协同响应的经济生态系统。数字化也在重构组织形态，推动不同行业和业态从跨界融合向无边界组织转变。

最近，阿里研究院提出“数字经济体”这一全新经济组织，认为现代经济正在从“公司”向“数字经济体”演化。数字经济体就是众多商业模式的集合体，是超大规模协作组织方式。这从一个侧面，反映了数字驱动的转型正在从更深层次上重塑经济格局。

二是经济数字化。数字驱动转型其实就是经济数字化的过程，这是全球经济发展的大趋势。正像习近平总书记在 2017 年指出的：“世界经济正在向数字化转型。”这一重要判断揭示了时代性的大趋势，也揭示了全球经济转型的真谛。

经济数字化其实就是“互联互通”的社会化。正如《商业新模式：企业数字化转型之路》（贾森·艾博年、布莱恩·曼宁著）一书指出的，“任何用信息连接人与人、机器与机器或人与机器的技术都是数字化的”，这是一个“商业概念”而不仅仅是一个“新兴技术概念”。数字化不是简单的数字应用，而是体系重构、流程再造，形成新的数字化场景。由技术单一化向数字集成化、高度自动化发展；由信息资源分散化向数据资源共享化方向发展；由服务方式单向化向服务定制化方向发展。数字化推动线上与线下、虚拟与现实、软件与硬件重叠交错、跨界融合，将重塑认知体系和实践模式。同时，将创造下一代互联生态、下一代创新体系、下一代制造业形态，以及下一代社会治理。

三是经济数字化转型是实现高质量发展的必由之路。随着数字技术的深入发展和数字资源深度开发，经济社会各个领域实现数字覆盖，推动数字经济规模发展。经济数字化有利于释放“数字对经济发展的放大、叠加、倍增作用”，推动经济实现高质量发展。据《中国数字经济发展与就业白皮书（2018 年）》的数据：2017 年我国数字经济总量达到 27.2 万亿元，占 GDP 比重达到 32.9%，对 GDP 贡献为 55%。数字经济新增就业 552 万人，占比达 40.9%。

为什么要数字化转型

一是数字定义一切。数字是普遍存在方式和重要基础资源。一切因“数”而改变，世界经济论坛主席施瓦布先生在《第四次工业革命：转型的力量》一书中明确指出，“技术和数字化将会改变一切”，第四次工业革命“是在数字革命的基础上发展起来的”。有观点认为，数字经济是一个早已存在的概念，现在没有必要过度解读。其实不然，正如施瓦布先生指出的，“与第三次工业革命不同的是，数字技术正变得更为精深，一体化程度更高，由此正在引起各国社会和全球经济发生变革”。当下的创新成果，“无一不是借数字之力得以实现和发展的”。

美国关于 2045 科技趋势报告中，曾提出“软件定义一切”，其实从更本原上说是由数字来定义的，因为“软件也是由数字驱动的”“大数据带来人工智能”，一切还原于数字，数字是万物在线互联、信息海量交互的基本方式。人们的社会经济活动既不断创造数据，又逐渐在广度和深度上被数据所支配。据权威预测，人类将迎来“数据核爆”，数据将如同农业时代的土地、资源、劳动力；工业时代的技术、资本一样，成为数字经济时代的重要生产要素。随着科技创新和若干技术引爆点的出现，将塑造未来高度互联的数字化世界。

二是数字经济时代知识倍增周期缩短了，技术创新和产业变革进一步加速。据英国学者詹姆斯·马丁统计，19 世纪，人类知识的倍增周期为 50 年；20 世纪前半叶则缩短为 10 年；而 20 世纪 70 年代和 80 年代，再次缩短为 5 年和 3 年；20 世纪 90 年代以后基本上是每年翻一番。这极大地推动了产业变革速度，新技术新产业新业态与日俱增，新形势新机会新发展瞬息万变。这对经济发展提出新的挑战，如果没有战略眼光、超前选择，不仅跟不上产业变革的节奏，还可能不断地复制落后，结果只能是不断地被动调整。

三是数字化继工业化之后成为驱动经济社会发展的重要力量。如果说“数字经济是继农业经济、工业经济之后的一种新的经济社会发展形态”，那么，从工业化到数字化就是人类社会变革不可逆转的大趋势。

首先，工业化已经发生新变化，工业化通常被定义为工业或第二产业产值（或收入）在国民生产总值（或国民收入）中比重不断上升的过程，以及工业就业人数在总就业人数中比重不断上升的过程。工业化也是传统农业社会向工业社会转变的过程。工业化起始于 18 世纪 60 年代，以机器大工业为标志，推进了人类社会现代的进程。但是，人类不能止步于工业化。尽管不同国家和地区工业化起点和进程不尽一致。但是，随着科技创新和产业变革，从整体看，工业化正在发生从量到质的变化，工业在国民生产总值中的比重呈下降趋势，工业生产模式从机器大工业向互联工厂、数字制造转型，这就是为什么会出现“后工业化”“新型工业化”“再工业化”等探索，核心在于工业化的局限性，对于驱动和引领新发展不相适应，需要有接续工业化的新路径。

其次，随着数字技术的深入发展和数字资源深度开发，工业数字化改造进程加快，数字经济占比快速提升，数字化将继工业化之后成为驱动经济社会发展的重要力量，并将推升现代化水平。需要指出的是，这里讲的从工业化到数字化，强调的是一种趋势性变化和融合发展的过程，正像工业化并没有取消农业，而是提升农业发展水平一样，数字化也不会取消工业，同样会提升工业发展水平。

如何推进数字化转型

一是要从工业化思维转变为数字化思维。必须从思想认识上来一场革命，从工业化思维的禁锢中解放出来，通过思维创新深化对数字化的理解。工业化思维、数字化思维有很大的差别。在《商业新模式：企业数字化转型之路》一书中，曾对工业化和数字化思维进行比较，前者以个体竞争为原则，追求各自利益最大化，以创造“更多、更快、更经济”产品为目标，奉行产出至上、市场为王。后者以互联共享为原则，追求共同利益最大化，以“更快、更好、更便宜”为目标，奉行质量第一，效益至上。这两者的最大差别在于，前者是以企业为中心，坚持利益导向；而后者是以消费者为中心，坚持需求导向。

二是深化对数字的理解。数字革命赋予数字新的内涵，数字成为重要战略资源，是新经济的重要基础设施，是驱动发展的重要力量。互联网、物联网、智能化既是数字化的过程，也是不断创造数字资源的过程。这些海量数据资源被称之为“数字宇宙”，也就是由巨大的数据量构成的新空间形式，是极其多样化的互联互通的网络系统，其节点可无限覆盖，规模呈指数式膨胀。

三是尽快“做大做强数字经济”。要把握数字化、网络化、智能化融合发展契机，在产业数字化和数字产业化上重点布局，既要注重打造数字应用新场景，也要注重发展数字经济新形态，特别是要加快推动产业数字化。中国经济转型最重要的是产业数字化，也就是说要对传统产业进行全方位、全角度、全链条的数字化改造，推动制造业产业模式和企业形态根本性转变，这是中国经济转型的现实路径。

四是推进工业互联网平台建设。促进基于数据的跨区域、分布式生产、运营，提升全产业链资源要素配置效率。率先建成区域性工业互联网平台集群，建设若干世界级产业集群。

五是打造“数字供应链”。通过数据业务化、业务数据化，构建线上线下、全流程、一体化的供应链体系。促进产业在地理互联、经济互联、数字互联上深度参与全球资源、资本、人才和其他有价值的资产流，构筑“无边界”合作共同体。

六是打造数字经济集聚区。数字经济发展具有集聚性特征，资源集聚化、技术集成化、经济集约化态势明显。不仅形成新增长极，而且对经济发展产生格局化影响，促进形成引领型发展模式。

一方面，营造开放共享的创新生态系统。加强“智力共享”，形成“整体文化”，建立开放空间，促进互动交流，共享资源、协同创新。搭建开放式跨境合作平台，促进远程研发、离岸孵化、融合发展。

另一方面，打造新经济综合体，基于免费经济和共享经济理念，发挥平台优势，以集成服务为根本，重构商业模式。促进传统供应链转型价值链，供应商将变为整个生产过程价值创造的合作者。

七是建设数字生态。加快数字基础设施建设，提高全社会数字素养，形成更广泛的数字文化，加快公共服务数字化转型，让全民共建数字社会，共享数字红利。

以新一代信息技术驱动我国数字经济发展

中国互联网络信息中心主任、党委书记　曾　宇

自党的十八大以来，习近平总书记先后对大力发展数字经济提出了一系列新理念、新思想和新战略。特别是在 2018 年 4 月全国网络安全和信息化工作会议上，习近平总书记指出，要发展数字经济，加快推动数字产业化，依靠信息技术创新驱动，不断催生新产业新业态新模式，用新动能推动新发展。当前，数字经济正成为驱动我国经济发展的重要力量。统计数据显示，我国数字经济发展已步入黄金期，2017 年我国数字经济总量达到 27.2 万亿元，占 GDP 比重达到 32.9%。可以说，发展数字经济是适应和引领经济发展新常态、促进经济转型升级的必由路径，也是落实网络强国战略的重要内容。

全球信息化发展呈现新趋势

近 70 年来，计算机及其应用技术发展迅速，特别是互联网的快速普及与发展，使得全球创新最活跃、渗透性最广、扩散性最强的信息技术与产业的基本驱动力有了明显变化。作为信息技术的核心载体，计算产品从 20 世纪 60 年代至今，先后经历了大型机、小型机、个人计算机、桌面互联网、移动互联网等时代；计算技术也从 20 世纪 60 年代初并行计算发展到 70 年代中期的分布式计算、90 年代末

期的网格计算，再到 2007 年之后云计算、大数据、物联网、人工智能、区块链等相关技术的兴起；技术与应用的发展催生信息服务的理念也从 20 世纪 80 年代后期的泛在计算发展到普适计算，再发展到 21 世纪初的效用计算以及当前的认知、类脑计算。信息技术已经成为推动产业变革的核心力量，并且不断集聚创新资源与要素，与新业务形态、新商业模式互动融合，快速推动农业、工业和服务业的转型升级和变革，全新的工业经济发展模式正在到来。可以看到，当前，全球信息化进程正呈现一些新的趋势：

一是全球信息技术创新日益加快。信息领域竞争格局此消彼长，创新风起云涌。以云计算、物联网、大数据和人工智能、区块链为代表的新一代信息技术蓬勃发展，先进计算、高速互联、智能感知等技术领域创新方兴未艾，类脑计算、深度学习、机器视觉、虚拟/增强现实乃至无人驾驶、智能制造、智慧医疗等技术及应用创新层出不穷；面向未来的新技术体系正在加速建立，竞争的焦点从单一产品转变为技术产品体系和生态体系的竞争，伴随网络化、融合化和体系化发展，全球范围内信息领域技术与产品形态正不断创新发展，新一阶段的技术和产业演进脉络日渐清晰，正不断产生新的平台、新的模式。

二是全球信息技术产业格局进入“后金融危机”的大重组调整期。当前，全球信息技术产业逐步进入大并购、大重组的深度调整期，产业并购整合一浪高过一浪，规模、频度、范围屡创新高。半导体产业巨头纷纷投入巨资垂直整合产业生态链中的稀缺资源和关键要素，全力打造自身在全球半导体产业和技术上的竞争优势；谷歌、苹果、Facebook 等公司持续并购大量人工智能、智能硬件、应用开发、平台服务等公司，传统设备、软件巨头水平整合云计算、大数据和物联网资源，抢占人工智能等新一代信息技术发展先机，全力打造自身数据、应用及平台生态系统。此外，西方发达国家也正加大政策、资金、市场等相关举措，以确保他们在产业转型升级与前沿技术产业扩展这两条战线上的全面优势。

三是互联网普及进入拐点。目前，全球互联网网民数量已突破40亿，预计到2020年全球互联网网民将达到50亿以上。与过去10年来的互联网普及速度相比，当前全球互联网普及进程逐渐开始减速，预计这一趋势将在未来几年得到持续强化。与此同时，随着可穿戴设备、智能家居、车联网、智慧城市等产品和服务的发展，接入网络的设备数量呈现逐年递增趋势。2020年，全球接入物联网设备将超过200亿以上，接入主体的变化将对网络的技术创新、应用形态以及服务能力产生深远影响，由此带来端设备、服务器、网络交换设备、网络架构等的全新重构。

四是互联网深度融入社会治理。互联网企业的梯次崛起是21世纪经济、社会组织方式赖以快速变革的重要基础。从电信网络和计算机网络互通到移动互联网兴起，从网站、电子邮件到社交网络、到电子商务、到视频直播，互联网逐步成为人们社会交往、自我展现、获取信息、购买产品和服务的基本生活空间。目前，全球拥有2亿以上活跃用户的互联网企业超过50家，全球新产生的数据量每年增加40%以上，预期到2020年，全球所管理的数据将超过35ZB。互联网及大数据正驱动社会治理从单向管理向双向协同互动转变，社会治理的线上线下边界逐步模糊并趋向一体化，社会治理模式正从依靠决策者进行判断发展到依靠海量数据进行精确引导。可以预见，互联网企业和互联网平台将在社会治理中日益扮演更重要的角色，国家网络事务的治理能力将成为国家治理能力的重要组成部分。

我国数字经济发展迎来新机遇

经过数十年的发展，我国发展数字经济所依托的基础软硬件技术和产业取得了较大进展，特别是通过近10年激烈的市场竞争，我国基础软硬件技术和产业创新能力和生产能力有了长足进步，初步形成了比较完整的产业链。未来10年，得益于我国政策规划的红利效应、新一代信息技术驱动下的产业结构升级效应、数据资源禀赋效应、中国模式的国际扩散效应，我国数字经济还将迎来飞速发展。

一是政策规划的红利效应。党的十八大以来，以习近平同志为核心的党中央敏锐把握信息革命发展大势，审时度势，及时、全面部署网络强国战略，先后颁布《国家信息化发展战略纲要》《网络安全法》，提出了宽带中国、互联网+行动计划、大数据发展战略、《"十三五"国家信息化规划》等顶层设计，谋划了今后5年到10年信息化发展蓝图，明确了目标任务，也给全社会释放了积极有利的信号。未来10年，将是信息化政策规划红利充分释放极为关键的重要历史时期，将极大地推动我国数字经济的发展。

二是新一代信息技术驱动下的产业结构升级效应。当前，我国经济发展进入新常态，新旧增长动能逐步换挡，产业转型升级逐步深入，信息技术也已成为第一、第二、第三产业融合发展的平台和枢纽，是经济新常态下新动力的主要源泉。在工业生产领域，信息技术促进生产向协同化和智能化方向发展，设计、工艺、装备、管理、服务全面升级，柔性制造、网络制造、绿色制造、智能制造不断发展，基于大数据技术的精确预判、精益生产、精细管理、精准营销充分发展，生产效率、产品质量和经济效益将随之获得极大提升；在服务消费领域，平台经济、分享经济、体验经济大力发展。现代物流、在线金融服务、数据资源支撑等配套电子商务要素不断完善，基于自媒体、网络直播、社交网络、微视频等新型传播手段的商业模式创新不断涌现，一轮崭新的科技革命和产业革命前景正逐渐铺排开来，数字经济的发展迎来难得历史机遇。

三是数据资源禀赋效应。数据资源是数字经济发展的主要驱动，也是提升信息社会智能水平和运行效率的关键要素。当前，数据资源已被视为决定未来竞争能力的战略资产，西方发达国家和产业巨头正围绕数据资源的获取、积累、流转纷纷开展布局，谋求抢占未来发展的先机。我国坐拥大国大市场优势，网民数量巨大；网络企业运营能力优秀；本土互联网企业发展迅速；网络媒体、电子政务、网上银行、医疗信息等领域数字化水平较高。这些资源要素禀赋使我国在获取数据、积累数据和开发数据等方面具有得天独厚的巨大优势。可以预见，随着我国数据开放和信息共享水平的逐步提升，我国将建立起具有国际竞争力的国家数据资源体系以及较为完善的配套监测手段、治理框架和管理制度。数据资产将为我国数字经济腾飞提供强劲有力的信息引擎。

四是中国模式的国际扩散效应。当前，世界经济依旧处于后金融危机时代的深度调整期，全球贸易保护主义、民粹主义和逆全球化思想有蔓延的态势，地缘政治紧张使国家冲突暗流涌动，国际贸易冲突难以调解。我国拥有相对完整的信息产业链和较高的生产能力，随着世界范围内尤其是“一带一路”沿线国家信息化建设的深入，我国网信企业将有可能凭借我国开放互利的贸易模式和“走出去”的发展战略而迎来难得的成长机会，涌现一批具有国际竞争力的优秀网信企业和网信领军人才。

虽然我国发展数字经济面临千载难逢的机遇，但仍要看到，我们依然面临信息产业生态尚未成型、核心技术突破严重制约、高端人才不足等诸多问题，其中核心技术的进一步发展和突破，已经迫在眉睫。近年来，我国对于信息领域核心技术的发展高度重视，在业内各方共同努力下，打下了良好的技术和产业基础，取得很大进展，但距离充分保障数字经济的发展，实现网络强国的建设需求仍有一定差距。

对推动我国数字经济发展的几点建议

在此，建议从推动生态体系建设，推动前沿技术突破，推动产业链、价值链和创新链等各环节的协调协作等三个层面入手，进一步推动我国数字经济的发展。

一是建议着重加强基础软硬件产业生态建设。基础软硬件产业是数字经济得以健康发展的根本。没有基础软硬件产业健康良性的发展，数字经济的发展就是空中楼阁，随时都有崩溃的危险。发展基础软硬件技术和产业，需着重加强生态系统建设工作，建议从“微观生态”“中观生态”“宏观生态”构建入手，重点发展平台级产品构建“微观生态”，重点推进关键领域应用示范构建“中观生态”、重点指导基础软硬件产业发展构建“宏观生态”。平台级技术和产品本身就是基础软硬件和应用的融合，基于平台级产品我们可以打通底层软硬件和上层应用的连接，构建一个个相对独立的垂直生态，如大数据平台、大计算平台、深度学习平台等；在“中观生态”构建方面，需进一步积极拓展重要行业重要信息系统的基础软硬件设备的替代应用，在这些相对封闭的环境里，构建一片片森林，形成基础软硬件技术和产业发展的“中观生态”；在产业发展方面，需进一步加大力度推动信息领域龙头企业和中小微企业的发展。发展基础软硬件产业，一方面是构建“宏观生态”的要求，另一方面也是推动数字经济健康发展的内生驱动。

二是建议持续推动信息领域前沿技术研发。目前，信息领域的多种计算范式正在逐渐融合，信息技术的发展从技术和服务这两个维度不断拓展延伸，分分合合，合合分分，不断迭代演进。核心芯片经过单核、同构多核等不同时期的发展，正向异构多核、类脑感知迈进；操作系统的发展进入以云计算操作系统为代表的第三个阶段，并加速向网络化、平台化、一体化、服务化迈进；数据库技术和系统也经历了关系型数据库、分布式数据库等阶段，正向云数据库和新型数据库发展。国外主要互联网巨头企业目前正加速布局新一代信息技术、前沿技术，他们的主要想法是在不远的将来基于新型芯片、新型操作系统、新型数据库、新型网络等打造从底层到应用的全新生态，从而迅速打开全新的应用领域，形成新的竞争壁垒。发展数字经济，我们需进一步下大力气发展核心技术设备，我们需统筹推动，做好前瞻技术研发工作，统筹做好弯道超车工作，但是需要强调的是，不是信息领域什么核心技术都能弯道超车，有些领域，我们只能一步一个脚印的发展。

三是建议进一步推动产业链、价值链、创新链等各环节的协调协作。数字经济的发展贯穿产业链、价值链、创新链等各个环节，涉及科研院所、企业、金融机构、市场、政府等多方参与力量，需多方配合协调才能持续取得大的发展。为了进一步促进数字经济的快速发展，产业链、价值链和创新链等各环节力量需找准自身定位，加强协调协作。需充分发挥区域间要素互补、分工深化和产业链、价值链互济的作用；各环节需遵循利用市场规律，建立合适的商业模式，主动参与全球创新、交流与协作，形成合力抢占后移动互联网时代产业发展契机，解决我国在数字经济发展方面存在的薄弱环节和突出短板；需进一步培育和壮大新型企业家队伍，弘扬创新精神，推动我国信息技术自主创新成果的标准化、国际化和产业化；需进一步完善关键信息基础设施建设，完善网络治理体系，保持领先领跑优势；需坚持问题导向，创新体制机制，破除束缚和阻碍数字经济创新发展的藩篱，解放信息生产力，最大程度释放“数字红利”，让广大人民群众在数字经济发展过程中有充实的获得感。

当前，云计算、大数据、物联网、移动互联网、人工智能等新一代信息技术的发展正加速推进全球产业分工深化和经济结构调整，重塑全球经济竞争格局，我们必须加快抓住全球信息技术和产业新一轮动荡、分化和重组的重大变革机遇，以新一代信息技术和产业驱动我国数字经济的发展。时代赋予我们千载难逢的发展机遇不容错失，让我们彼此共勉、携手共进，不断以新一代信息技术推动区域经济发展转型升级，以新一代信息技术推动我国数字经济的发展迈向新台阶!

迈向5G时代　网络强国新战略

中国电信股份有限公司技术创新中心主任　毕　奇

5G是引领数字经济的重要基础之一。从20世纪80年代1G开始，移动通信走过了从1G到2G、3G、4G的历程。每一代都有不同的特点。1G主要是提供模拟语音服务；2G将模拟语音改善成数字语音；3G开始提供数据服务，但数据还比较少；4G实际上是数据大发展的时代，现在大家用的都是4G。到2019年或者2020年将进入5G时代，5G时代将是数字经济的大发展时代。

5G技术的特点

从技术方面来看，每一代移动通信都有它的驱动力。1G是解决通话便利，2G是解决供不应求的语音容量问题，3G是解决数据的速率问题，4G主要解决流量的成本问题。到了5G，主要目标是将大带宽进一步拓展到工业和信息化，从而推动数字经济的蓬勃发展。

从历史发展来看，每一代移动通信的用户速率体验基本上会比上一代增长10倍。现在4G基本上在十几兆左右的速率，5G预期可以达到百兆速率。从峰值速率来讲，现在大家用得比较多的4G峰值速率可以达到150兆/秒，对于比较好的终端可以达到300兆/秒。现在5G的目标峰值速率可以达到10G/秒。

5G的速率是怎么提高的呢？一是基于频宽，5G会从目前的20

兆增加到 100 兆频宽，频率宽度增加以后速率会成比例增加。二是增加信号渠道，就像高速公路增加了上下几层。信号通道是通过大规模天线实现的，大规模天线是 5G 重要的技术标志之一。三是增加信号源的比特数，就像汽车位置的增加。通过这些技术，5G 的速率会提升 10 多倍，从而对工业和行业物联网带来较好的商机。

5G 对数字经济发展的影响

对于 5G 的性能，国际电信联盟已制定发展第五代移动通信（5G）的总体路线图并将其命名为“IMT-2020”。与大家熟悉的 4G 相比，5G 容量密度会增加 100 倍、时延减少 10 倍、能效增加 100 倍，用户体验、速率等都会增加 10 倍以上。

到目前为止，IMT 对 5G 已经定义了三类应用：

第一类应用是 4G 用得最多的 eMBB（增强移动宽带）。3G 频率宽度是 1 兆，4G 是 20 兆，5G 将增加到 100 兆，eMBB 的目标主要是为消费者服务的。这种应用场景下，智能终端用户上网峰值速率要达到 10Gbps 甚至 20Gbps，为虚拟现实、无处不在的视频直播和分享、随时随地的云接入等大带宽应用提供支持。

第二类应用是 mMTC（大规模物联网）。通过万物互联，物联网能使得我们在工业应用方面更上一层楼，给大家生活带来更多的便利。这种场景下，5G 网络需要支撑 100 万 / 平方公里规模的人和物的连接。

第三类应用是 uRLLC（超高可靠超低时延通信）。低时延、高可靠是一个较新的领域，主要为工业控制服务。很多工业应用都希望时延低，消费者方面也有很多应用，包括游戏等。这种场景要求 5G 网络的时延达到 1 毫秒，为智能制造、远程机械控制、辅助驾驶和自动驾驶等低时延业务提供强有力的支持。

5G的三大应用，其中两大是较新的，对数字经济有较大的潜力。

对于目前用户分布，国际移动通讯协会 GSMA 的调查表明，2G用户占比 41%，3G 用户占比 35%，而 4G 用户占比 34% 左右。到了 2025 年国际移动通讯协会预测北美的 5G 用户比例将会最大，高达 60% 左右。其他地区包括亚洲会低很多。由于我们国家目前已经把 5G 上升定位为国家战略和强国战略，所以中国 5G 的用户占比将有可能超过北美。

通信对数字经济和行业来说有比较大的影响，移动通信对 GDP影响比较大，通常占 GDP 的 5%，这就是为什么我们国家准备先行5G，准备 2020 年推动 5G 商用，拉动国内的数字经济。

从投资角度来讲，国际移动通讯协会预测亚洲对移动行业的投资每年在 4000 亿元左右。此投资大概能产生 3 万亿元的收入，基本上投入和产出是7倍左右，这就是为什么我们国家希望投资5G的原因。

到 2020 年亚洲在移动行业的投资将维持在每年 4000 亿元左右。中国到底会有多少投资，目前国际移动通讯协会并没有给出。但我们知道中国的用户大概是亚洲的一半。从这个数字粗略地估计，中国在2020 年开始对 5G 的投资可能在 2000 亿元左右。

到目前为止，移动行业有非常多的标志性事件发生。在 2010年，Verizon 率先部署了 4G，引领了新一波的 4G 发展。我们国家部署 4G 基本上晚了 4 年，但部署的速度非常快，两三年之间就全部部署到位了。在 2015 年 Verizon 又启动了 5G 的规划，当时他们希望用 5G 做无线宽带电视。美国地大人少，很多地方光纤布不到，希望用无线的方法提供宽带电视。通过几年的努力，这个技术在平昌运动会开始运用，但这是一个 28G 高频的无线固网应用。由于高频有很大的信号衰减，覆盖有限，并不适合通常的移动通信。我们国家计划5G 频率包括 3.5G 和 4.9G 两个频段，其他可能频段也在考虑之中。现在工信部正在紧锣密鼓计划发放频率。发改委今年也制定了计划，每个运营商有十几个城市 5G 试点，与 5G 标准制定同步进行。

从 5G 的标准进程来看，2018 年 6 月已经完成了第一阶段的标准制定，2019 年底将会完成第二阶段的标准制定，估计 5G 在 2020 年前期有比较好的商用前景。但目前在媒体上听到 5G 商用，都是炒作，因为现在商业设备实际上并不成熟，而且没有商用终端。无论目前布了多少 5G 基站，没有商用终端就没有真正的服务。2018 年下半年会有试验的终端出来，但不足以商用，5G 商用至少在 2019 年下半年或者 2020 年。现在大部分国家都发布相应的频道，在相应频道下面有一个好处是产业链非常好，终端也非常便宜，有利于数字经济的发展。

5G 将为数字经济发展带来新契机

在 2018 年初，韩国平昌已经在 5G 上走了第一步，但韩国的 5G 并不是按照国际移动通信标准化组织 3GPP 制定的标准生产的。目前 5G 实际上有两个版本：一个版本是美国 Verizon 在 2015 年提出来的，它的目标主要用于固定电视，平昌用的就是那个技术，这和 3GPP 制定的 5G 标准有差别。尽管这样，平昌运动会做出来的效果还是很好的。大家看到非常炫的应用，每个运动员戴一个摄像头，滑雪的时候就能看到各个主体动作，实现了非常好的效果。所以我们国家在接下来的奥运会中也会利用 5G 来呈现比赛现场。

实际上，我国在 5G 领域已走在世界前面。到目前为止，2020 年计划大规模部署 5G 的国家并不是很多，我国从 2018 年开始就会有比较有规模的测试。

从历史上来看，在部署移动技术方面，因为牌照发放时间的原因，3G 我们晚了 8 年，4G 我们晚了 4 年，5G 看来能够实现领跑战略。从竞争方面来看，5G 竞争将非常激烈，现在三大运营商在 5G

方面的竞争已经开始了。从 5G 的应用来说，5G 会有很多新的应用，这个新的应用会随着时间的推移不断成熟。除了大宽带、高清电视、AR、VR 新的技术以外，还有很多云服务，车联网、人工智能、远程医疗等，这些技术在不同的时间点会成熟。

从 5G 角度来讲，除了大数据以外，还有非常重要的抓手就是高可靠、低时延。高可靠、低时延国际标准将在 2018 年下半年开始制定，2019 年年底制定完毕。在 5G 以前的移动技术中，我们的高可靠质量都是通过增加时延来达到的。5G 是第一次要做到高可靠、低时延，这样对于拓展新的业务、支持数字经济带来非常好的契机。

5G 是我们国家引领数字经济非常好的契机和抓手。很多人质疑我们在 4G 起步不久，为什么这么快地部署 5G？因为 5G 不光是技术，实际上 5G 关系到我们国家网络强国战略，关系到怎么更好地把工业制造推向一个新的阶段。5G 时代实际上是全产业数字化转型的非常好的契机，它不单支持消费者飞快的速率和巨大的流量，也会带动其他行业，特别是垂直行业的发展。2020 年，互联网和物联网会迎来非常好的发展机遇，5G 也将带动数字经济发展更上一层楼。

夯实河北数字经济发展基础

河北省通信管理局党组书记 局长　周景耀

数字经济是信息化发展的高级阶段，它以信息通信为基础，不断推动数字化、网络化、智能化深入发展。信息通信的基础性作用主要体现在信息通信基础设施、信息通信技术、信息通信应用和网络与信息安全等四个方面。信息通信基础设施犹如数字经济发展的"列车道"，信息通信新技术是"列车头"，丰富的融合应用是不同种类的"列车座"，网络与信息安全保障则是"列车乘警"。基于信息通信和数字经济的紧密关系，我重点从"把握时代机遇 建设网络强省 夯实河北数字经济发展基础"的角度和大家进行交流。

数字引领：构建新时代经济社会发展新引擎

当前，移动互联网、物联网、工业互联网、云计算、大数据、人工智能、虚拟现实、区块链等新一代信息通信技术迅猛发展，以信息通信为基础的数字经济正在加速与经济社会各领域深度融合，已经成为引领经济社会发展的重要先导力量。

党的十八大以来，以习近平同志为核心的党中央高度重视发展数字经济，推动数字经济逐渐上升为国家战略。加快数字中国建设，就是要适应我国发展新的历史方位，全面贯彻新发展理念，以信息化培育新动能，用新动能推动新发展，以新发展创造新辉煌。为我们加快发展数字经济提供了重要遵循。

中国特色社会主义进入新时代，我国经济发展也进入新时代，基本特征就是我国经济已由高速增长阶段转向高质量发展阶段。数字经济推动经济发展质量变革、效率变革、动力变革，意义重大，机遇难得。大力发展数字经济，加快网络基础设施建设、推进互联网和经济社会各领域融合创新、提升网信科技自主创新能力、加强网络空间安全保障，将有助于推进我国加快转变经济发展方式，培育经济社会发展新动能，推进经济社会可持续发展，抢占发展战略制高点，提升国际综合竞争力，开启经济社会发展新方位。

数字经济作为经济发展的“新引擎”，社会进步的“助推器”，既是现代化经济体系的重要组成部分，也是推进供给侧结构性改革、推动实体经济高质量发展的基本驱动。其基础作用主要表现在以下三个方面：一是提高资源配置效率，推动经济结构优化；二是开拓创新创业空间，培育发展新蓝海；三是推动解决不平衡不充分矛盾，实现高质量可持续发展。

砥砺前行：河北信息通信发展迈上新台阶

近年来，河北省信息通信服务发生了巨大的变化，行业发展再上新台阶，基本建成了覆盖省市县乡村五级的全域光纤与4G网络，提前实现了国家“十三五”规划纲要设定的目标任务，为数字经济蓬勃发展提供了扎实的网络和服务基础。

一是发展规模稳步扩大。截至2018年3月，我省电信业务总量、电信业务收入、固定资产投资、电话用户总数和固定互联网宽带接入用户总数分别达到448.4亿元、126.3亿元、26.6亿元、8563.4万户和2166.3万户，分别居全国第7位、第11位、第3位、第7位和第7位。

二是网络能力不断增强。移动电话基站达到28.9万个，居全国第7位。其中，4G基站达到17万个，居全国第7位。光纤线路长度达到179.7万公里，居全国第8位。固定互联网宽带接入端口达到4254.3万个，居全国第7位。互联网省际出口带宽超过2万G，居全国第8位。

三是行业结构持续优化。光纤宽带用户达到1859.4万户，居全国第7位，占固定宽带用户的93.8%。50M以上的固定宽带用户占比达到90.5%，居全国第2位。4G用户达到5403.5万户，居全国第7位。物联网终端用户数达到1025.3万户，居全国第10位。三网融合业务发展进一步加快，IPTV用户数达到977.9万户，居全国第4位。

固本强基：助力数字经济蓬勃健康发展

下一阶段，我们将紧密围绕建设网络强省目标，以供给侧结构性改革为主线，深入推动信息通信高质量发展，不断夯实河北数字经济发展基础，进一步释放数字红利，让数字经济更好地造福人民。

持续加大重点区域、重点领域和薄弱环节的投资力度，努力构建高速、移动、安全、泛在的新一代信息基础设施，加快向融合感知、传输、计算为一体的战略性综合基础设施演进。加强5G网络规划布局，加快5G商用进程，积极推动通信基站资源与社会塔（杆）资源的双向开放，推动5G与城乡环境和谐统一、融合发展。强力推进IPv6网络升级改造和规模商用，充分发挥IPv6在行业发展、能力提升和安全保障中的重要作用。

加快布局工业互联网，系统构建网络、平台、安全三大功能体系，着力满足低时延、高可靠、广覆盖的工业需求。持续加强NB-IoT网络部署与平台建设，全面提升面向物联网应用的设备管理、网络接入、应用开发和数据分析等能力，为物联网规模发展提供要素保障。坚持政府主导与企业运作相结合，顶层设计统筹推进与试点示范创新引领相结合，加快发展网络应用产业，大力推动互联网、大数据、人工智能和实体经济深度融合，紧紧围绕数字经济加快构建现代化经济体系。

持续加大网络提速力度，加快百兆宽带普及，推进光网城市建设，实现高速光纤宽带网络城乡的全域覆盖、4G 全域覆盖和速率的进一步提升。主动对标京津，不断优化网络架构，提升网络能力，推动京津冀区域网络互联互通更为紧密、信息交流更为通畅、融合共享更为充分，有力支撑了京津冀经济社会协同发展大局。积极优化雄安新区通信网络，提升服务能力。按照“世界眼光、国际标准、中国特色、高点定位”的理念要求，积极开展雄安新区信息通信基础设施专项规划等工作。加大投资力度，有序开展冬奥会张家口赛区通信规划建设，全面提升张家口赛区的基础网络能力和服务能力。以信息通信助力脱贫攻坚，充分发挥省内各电信企业优势，强力推进农村地区光纤通达和 4G 覆盖工作，全省广大农村地区的通信能力实现了历史性跨越，有效缩小了城乡数字鸿沟，为乡村振兴战略和脱贫攻坚大局提供了扎实的网络和服务基础。

大数据和人工智能在智慧城市中的应用

南京大数据研究院院长　刘　鹏

2008 年至今，从中央到地方，各级政府都在力推建设智慧城市。“十二五”期间，我国智慧城市建设市场规模已经超过了 7000 亿元。“十三五”期间，我国智慧城市建设市场规模预计可达 4 万亿元。智慧城市这么火，很多人都在讨论智慧城市。那么，“智慧城市”究竟是什么呢?

智慧城市的概念涵盖社会和生活几乎所有的范畴，是指充分利用新技术及其带来的启发，让系统、运作和服务得到改造和提升，相对传统城市更具智慧的城市。

很多企业和市民目前可能对“智慧城市”的感受不深。这是因为，在创建智慧城市的过程中，城市和居民没有太多直接连接，也没有根据我们的实际需求提供服务。其实，“智慧城市”的概念是非常广泛的。只要市民参与到智慧城市的建设中，就能感受到城市是智慧的。

那么，大数据、人工智能在智慧城市建设中有哪些应用? 能发挥什么作用呢? 下面就来重点看一下，在智慧城市的建设中，大数据、人工智能在安防、环保、交通、物流、医疗、教育等领域的应用和作用。

智慧安防

人工智能技术的成熟，使得人工智能自动处理海量监控视频成为可能。基于此，人工智能已经逐渐渗透到安防系统。如今，每个城市每天都会产生数以万计的视频数据，人工智能要做的就是把这些视频数据转化为有意义的情报。随着智慧城市建设的不断深入，智能安防所担当的重要角色势必会日益凸显。

在 2018 数字经济大会成果发布会上，作为引领行业发展趋势的“黑科技”产品，智慧路灯伴侣一经亮相便吸睛无数，其呈现的多元化的应用场景以及酷炫的视频效果，一度掀起了关注热潮。

“让路灯变得聪明起来，让路灯不再简单地用于照明。”智慧路灯伴侣让城市变得智能又安全，依托人工智能技术，将现有的路灯升级为智慧化的城市基础设施，以进一步加快智慧城市的建设进程。它通过人工智能技术，能够帮助实现公安、城管、交通、环保、地震等城市管理升级，通过识别分析过往车辆及人员信息，监控违章停车、摆摊设点、乱倒垃圾等城市治理难题，加强治安管控，打击违法犯罪，使得城市管理更安全、更有序、更便捷。

智慧路灯伴侣可直接挂载到既有路灯上，在大数据与人工智能技术的加持下，以 6 个摄像头监控人行车道和机动车道，具有 360° 全景监控、人脸识别、车辆识别、城市巡检、环境监测、便民信息互动、城市 WiFi 覆盖等多种功能。既能提供路线查询、呼救响应等便民服务，也可方便追踪查找走失人口和犯罪嫌疑人，并通过环境传感器动态监测 $PM_{2.5}$、PM_{10} 等污染物动态以及噪声、地震活动，在智慧城市的建设中具有广阔的应用前景。

智慧环保

“智慧环保”是指充分利用大数据、人工智能、云计算等现代化信息技术手段，全面提升生态环境保护综合决策、监管治理和公共服务水平，其本质是数字化与互联网的高度结合，是环保产业发展的新兴模式。

“智慧环保”是“数字环保”概念的延伸和拓展，它借助物联网技术，把感应器和装备嵌入到各种环境监控对象中，通过超级计算机、人工智能、大数据和云计算，将环保领域物联网整合起来，实现人类社会与环境系统的整合，以更加精细和动态的方式实现环境领域的管理和决策。

作为环境大数据开放平台，环境云通过大规模布建各类环境监测传感器广泛采集数据，同时集成第三方专业数据源发布的数据，结合相关数据预测模型生成的预报数据，依托数据托管服务平台——万物云提供的数据存储服务，配合代码示例和详尽的接口使用说明，为环境应用开发者提供丰富可靠的气象、环境、灾害以及地理数据服务。截止到2018年6月底，环境云已收录环境数据8亿余条。

此外，对于智慧环保，南京市环保部门为配合全市域、全时段禁行黄标车，对抓拍设备进行升级，在全国率先启用高污染车辆管理平台：分布在全市的几十个高清摄像头对上路行驶的黄标车、无标车进行自动比对、抓拍，系统会自动连接交管部门，对车主进行罚款、扣分处理，平台还会自动给车主发去手机短信，提醒车主尽快对车辆进行处理。

智慧交通

紧张的交通、拥挤的人群、无数调运的物资，巨型城市本质上是无数数据的流动，但这些数据却缺乏科学的指挥和思考，因为它们都是按照自身意愿在流动，很多拥挤和事故正源于此。因此，在构建智慧交通的过程中，人工智能就显得尤为重要。

在城市智能门户“我的南京”APP上，智慧南京视频交换平台利用 cVideo 云视频技术，集成了现有视频监控资源，建设大规模视频实时接入处理分析交换平台，实现了公安局现有视频监控平台的对接。在对上述视频监控平台的视频接入后，该视频交换平台会对其作转码处理和智能识别，以满足不同终端的访问需求以及实现车流统计等交通数据的提取。

此外，数据立方集群存储了包括南京市的出租与公交的 GPS 数据、南京市的 320 抓拍数据、智慧南京的门户日志数据。通过对这些数据的分析，可以实时地了解南京的整个道路交通状况，并实时地监控南京的车辆等。

智慧物流

此前，国务院印发《新一代人工智能发展规划》，明确提出人工智能已上升为国家战略，成为国家经济发展的新引擎，同时将“智慧物流”作为“加快推进产业智能化升级”的重点领域。

随着人工智能的发展，以硬件机器人为人工智能落地的产品逐渐应用在物流的仓储和装卸环节。这些机器人具备感知、判断和自行解决物流中某些问题的能力。人工智能 + 物流，不仅可以提高物流速度，还能为用户带来更好的服务体验。

现在，智能机器人送货已经成为现实。2018 年“6・18”期间，京东采用智能配送机器人，解决了“最后一公里”难题。以往配送员需要频繁往返于配送站与服务片区之间完成订单补货，通过机器人的协作，配送员只需负责最终订送，配送机器人则把货物运输到配送员前。

智慧医疗

近年来，基于深度学习算法在准确率和性能上的屡次突破，人工智能在医疗领域的应用越来越接近普及并多元，主要体现在：

首先是可以辅助疾病诊疗。有公开资料显示，目前深度学习算法对特定疾病的早期诊疗准确率已高于人类医生，同时还可以对数以万计的药物特性进行实时分析，辅助医生进行医疗方案的制定；其次是可以提升医疗服务体验和效率。随着人工智能在语音识别、文字识别领域技术的突破，智能医疗机器人可以“听懂”普通患者的描述，进而给出早期的诊疗意见，也可以进行医疗导航，或者给出进一步的养生建议。

智慧教育

智慧教育即教育信息化，是指在教育领域全面深入地运用现代信息技术来促进教育改革与发展的过程。其技术特点是数字化、网络化、智能化和多媒体化，基本特征是开放、共享、交互、协作。

此前，带有生物识别技术的智慧幼教云平台在南京多所幼儿园“上岗”，到幼儿园接孩子要“刷脸”，不成功无法接走孩子。“刷脸”是这套智慧幼教云平台的一个重要模块，每个孩子可以预存多份接送人员的生物资料，通过刷卡、指纹和脸部识别多道“关卡”，才能从幼儿园接走孩子，孩子家长还可以通过APP同步了解到这一切，此举有效地保障了孩子放学接送时的安全问题。

总之，大数据和人工智能在智慧城市中的应用远远不止以上几个方面。人工智能与城市的约会，已经从愿望变成了现实。人工智能没有高高在上，在智慧城市建设中，它存在于每一个角落。在各地政府落成、建设智慧城市的过程中，大数据、人工智能为老百姓带来了便捷服务，给城市带来了巨大的经济效益和社会效益。未来，随着各城市一个个变得“智慧”起来，必将助推一个生机活力的“数字中国”的到来。

区块链技术在教育领域的实践与思考

京津冀大数据教育区块链试验区秘书长　许红伟

数字经济运用全新的生产要素和生产组织方式，为人类社会带来全方位变革，促进经济由外生型向内生型增长转变。区块链作为下一代互联网的基础性技术，不仅与大数据、云计算、人工智能等产生紧密联系，更是由于能够广泛地与金融、法律、科技、管理、环保、能源等应用场景结合，成为数字经济发展的重要技术基础。那么，数字经济背景下“区块链技术 + 教育”如何助推教育现代化进程与发展呢？

如今，在数字化经济背景下区块链技术已经在金融、医疗、能源等领域中得到了广泛的运用，但区块链技术在教育领域的应用在全球才刚刚起步，仍处在萌芽阶段。在国际层面，2016 年索尼全球教育公司宣布已经研发出能够运用区块链手段来储存教育数据，并且通过加密的方法与服务方和第三方分享该项技术。Holberton School 是世界上第一所使用区块链技术记录学历证明的学校。在我国区块链技术也在教育领域崭露头角，2016 年工信部颁布《中国区块链技术和应用发展白皮书》指出“区块链系统对教育就业的健康发展具有重要的价值”。为了配合我国即将在 2020 年启动的义务教育优质均衡发展验收工作，践行习总书记对京津冀协同发展深度融合的期待，京津冀三地教育行政部门于 2018 年 10 月在河北省廊坊市率先启动中国第一家教育区块链试验区—京津冀大数据教育区块链试验区。

为了建设好京津冀大数据教育区块链试验区，京津冀三地教育行政部门已经在政府的支持下，开始搭建统一的大数据平台，正在有条不紊地采集并记录学生的学习成长轨迹数据，建立学生的个人学习成长档案，并以京津冀三地教育年级组为单位建立十二个年级教育区块，学校、教师和学生可以利用区块链的分布式记账方法共享自己的教育思想、交流探讨创新教育理念。此外，不同的教育阶段又可以通过区块链技术完美衔接。最终，京津冀三地教育系统的所有学生信息都将被存储在一个大的数据库内。数据平台彻底建设完成以后，这些数据可以用于教育评价和改革。此外，还可以为高考改革和高校的自主招生提供公平可靠的学生数据。

“区块链 + 教育”的应用启示

从京津冀大数据教育区块链试验区建设的实践中我们可以获得以下几个数字经济背景下“区块链 + 教育”领域应用的启示，完全可以助推教育现代化的发展进程。

（一）利用区块链技术保护教育中创作者的权益和数字资源版权

在目前的教育、科研领域里，教师的教学成果、学校的科研成果很容易被剽窃，知识产权得不到有效的及时保护，严重打击了教师的教研、科研、以及创新的积极性。同时，目前网络上有大量“廉价课件”，教育工作者尤其是一线教师们创作的习题课件、分享的教学思考、课堂成果、教学教案等资源无法得到有效的保护和流通。

区块链技术可以为学术成果提供不可篡改的数字化证明，教师们通过基于区块链的教育平台发布其作品，成果在交易和流通过程中，每个节点的信息都是透明的、不可篡改的，当发现剽窃、盗版时，即可迅速追溯、取证。同时，这种数字化证明可以与已有的应用无缝整合，为每一个文字、片图、音频、视频加盖唯一的时间戳身份证明，结合其他方式交叉验证，从根本上保障了数据的完整性、一致性，保护了知识产权，从而彻底解决目前教育信息化中的信息孤岛问题。

（二）利用区块链技术促进学习行为数据收集、激励教师创作和分享

在现代校园的教学过程中，教育行政部门难以获取学生对教师及其原创教学资源的客观评价。教师原创成果和资源的使用频率、数据使用也难以在全网范围内得到最精确统计，资源优劣混杂，无效的资源因为刷交易、刷评论成为“优质”资源。

区块链技术应用到教育服务行业，各级各类教育单位甚至包含部分企业按照统一的协议形成“教育链”，教师及教育工作者都可以将自己的每一个原创教学资源产品、素材、课程设计、纲领等发布在该“教育链”平台，学生使用一次即发生一次“交易”，在资源传播和使用过程中的每个节点的使用数据都可追溯。还可以形成授课方和学习方上下游打通，教师可以面向全球的区块链网络发布自己的授课需求，学生可以发布自己的学习需求。因为区块链系统数据的无可篡改性，无论是教师的个人信息，还是学生对教师的评价都能够保持准确客观。

（三）利用区块链技术促进第三方学校教育机构参与教育内容的制定和教育学历的认证评估

现阶段的教育体系仍以正规教育为主导，由政府机构或各级各类学校提供教育服务并出具认证，个体对特定学科的学术水平，仍需由其所在的高校认可并通过学历和学位证书来证明。利用区块链技术开发出来的去中心化教育应用系统，可以帮助个体学习者打破教育权利

被教育行政部门或者学校垄断的局面，使教育更加开放更加可信。未来，除了教育行政部门批准的学校、教辅单位等教育机构具有审批教育服务的资质外，将有更多的第三方教育教学机构、甚至是各行各业的行业协会来承担服务教育市场的功能和角色，而且基于区块链的滤清、透明、不可篡改等特性，可以保证所有的教育过程与教育结果真实可信。

此外，使用“区块链 + 学生教育过程认证”可以有效地降低认证的成本和难度，提升利用率。利用“区块链 + 学生认证”技术，学校及学历或学位发放单位将学生的学习证明、荣誉、品德、技能、社会实践等信息公开透明发布在一个统一的大数据教育区块链证书平台，以该平台为起点形成一个去中心化、无法被篡改的颁发、管理、认证的体系，且该体系将伴随其整个职业生涯，数据将永久安全地储存在大数据服务器中，后续用人单位可直接在该区块链证书平台查询、验证，并更准确的评估应聘者与聘用岗位的匹配度。

（四）充分的利用区块链技术促进“网络学习社区”的自组织运行

区块链技术与开放式的在线教育社区结合，也是区块链技术在教育领域非常有前景的开发使用方向。区块链技术可以过滤和重塑网络学习社区生态，实现学习社区的“自组织”运行，其应用价值主要体现在以下三个方面：一是用虚拟数字币来提高学习社区成员参与度，形成社区智慧流转体系。二是保护学习社区成员的智力成果，优化观点、进化网络。三是净化学习社区生态环境，实现学习社区成员间的信誉度认证。

区块链技术被很多专家学者认为是人类历史上继信息化革命之后的第四次工业革命，但区块链本身是一种大数据技术，它不具备任何行业的特点。它的生命力在于使用者所从事的行业，使用者在哪个领域里挖掘和使用了区块链技术，区块链就在哪个领域里有了生命力和活力。教育赋予了区块链生命和活力，我们就创造出了教育区块链。关于区块链技术在教育领域的运用前景和实践行动，我们将一直走在探索与实践的路上。

中篇

数字经济发展报告

2018
数字经济大会报告

G20 国家数字经济发展研究①

中国信息通信研究院政策与经济研究所所长　鲁春丛

摘要：当今世界正在经历新一轮大发展大变革大调整，全球经济处于新旧动能转换的关键时期。数字化浪潮蓬勃兴起，数字经济为世界经济注入强劲增长动力，正推动人类社会从农业经济、工业经济迈入数字经济新时代。二十国集团（以下简称 G20）国家纷纷将发展数字经济作为重要战略选择，连续三年 G20 峰会都将数字经济作为关键议题，强调充分释放数字经济驱动经济增长的潜能。近年来，G20 国家数字经济得到长足发展，2016 年，G20 国家数字经济总规模达到 24.1 万亿美元，占 GDP 比重达到 43.3%，已成为各国经济增长的核心动力。数字经济打破时空局限，是与生俱来的全球化经济形态，扩大开放、加强交流合作是发展数字经济的内在要求。中国应把握发展大势，强化政策统筹，在 G20 等双多边框架下，积极参与国际合作，利用国际国内两个市场、两种资源，努力开拓中国数字经济发展新局面。

① 鉴于数据可得性，本报告测算不包含阿根廷、沙特阿拉伯、土耳其。同时由于欧盟是区域一体化组织，欧盟主要国家已包含在 G20 国家中，所以本报告测算也不包含欧盟。由于汇率变动原因，测算结果可能与其他研究报告存在一定偏差。本报告数据除特殊说明外，均来自于中国信息通信研究院测算。数字经济相关数据为增加值口径。

发展数字经济已成为 G20 国家共识

当今时代，新一轮科技革命和产业变革蓄势待发，以移动互联网、大数据、云计算、物联网、虚拟现实、人工智能等为代表的新一代信息技术迅猛发展，并加速与经济社会各领域深度融合，新产业、新业态、新模式不断涌现，传统产业数字化创新转型步伐加快，促进了数字经济快速发展。数字经济成为发展最快、创新最活跃、辐射最广泛的经济活动，作为经济发展新动能的作用日益凸显。涵盖世界主要经济体的 G20 国家是推动数字经济发展的前沿力量。

1. G20 认为数字经济是全球经济增长重要驱动力

根据 G20 杭州峰会上发布的《G20 数字经济发展与合作倡议》的定义，数字经济是指以使用数字化的知识和信息作为关键生产要素、以现代信息网络作为重要载体、以信息通信技术的有效使用作为效率提升和经济结构优化的重要推动力的一系列经济活动。

连续三年 G20 峰会都明确指出数字经济是全球经济增长日益重要的驱动力，对数字经济驱动经济增长的基本作用达成三点共识:

一是提高全要素生产率。数字经济与实体经济深度融合，以信息流带动技术流、资金流、人才流、物资流，减少了信息流动障碍，加速了资源要素流动，提高了供需匹配效率，促进资源配置优化，为推动创新发展、优化经济结构发挥积极作用。

二是培育新市场和产业新增长点。数字经济领域不断孕育出新模式新业态，成为激发创新创业的重要驱动力量，促进了大众创业、万众创新，柔性化、网络化、个性化生产将成为制造模式的新趋势，全球化、服务化、平台化将成为产业组织的新方式。

三是推动实现包容性增长和可持续增长。数字经济有助于提高连接水平，降低要素流动障碍，推动实现经济与社会、物质与精神、城乡之间、区域之间的协调发展。同时数字经济降低了经济主体参与经济活动的壁垒，从而为落后地区、低收入人群创造了更多经济机会，共享发展成果，减少发展不平衡。

2. 数字经济上升为 G20 会议重要议题

从 2016 年 G20 杭州峰会到 2017 年 G20 汉堡峰会，再到 2018 年的 G20 阿根廷峰会，数字经济都是重要议题。历次峰会虽然各有侧重，但都共同强调各成员国要加强沟通与合作，共同促进数字经济的繁荣和蓬勃发展。

G20 杭州峰会在数字经济议题上达成重要成果，首次把数字经济与创新、新工业革命、结构性改革并列，作为推动经济创新增长的四项行动之一，以应对全球经济增速低缓、复苏乏力的挑战。同时，峰会还通过了《G20 集团数字经济发展与合作倡议》。这是全球首个由多国领导人共同签署的数字经济政策文件。该倡议敏锐地把握了数字化带来的历史性机遇，为世界经济摆脱低迷、重焕生机指明了新方向，提供了新方案，带来了新希望。

2017 年 4 月，在德国举行的首次 G20 数字化部长会议上，发布了《G20 数字经济部长宣言》主报告以及《数字化路线图》《职业教育和培训中的数字技能》《G20 数字贸易优先事项》三个分报告。《G20 数字经济部长宣言》承认并重视数字化在创造经济繁荣、推进包容性经济增长和全球化发展方面的潜力，认为数字基础设施至关重要，强调 ICT 技术作为当今数字经济支柱的重要性，重申了对国际电联“连通 2020 议程”的承诺，以及“到 2025 年各国国内所有人都能实现互联”的目标，呼吁进一步帮助所有人能够使用互联网，缩小当前存在的数字差距。《数字化路线图》为数字化中包括改善网络接入、扩大数字化基础设施、支持创新、促进竞争在内的 11 个重大关键问题初步勾勒出了解决方案。

2017 年 7 月，汉堡峰会通过二十国集团汉堡峰会公报《塑造联动世界》。公报认为数字化转型是实现全球化、创新、包容和可持续增长的驱动力，有助于减少不平等，强调要更好发挥数字化潜力。为此，公报提出缩小数字鸿沟，确保有效竞争以促进投资和创新，鼓励发展和使用基于开放、透明和共识原则的国际标准，建设性地参与世贸组织电子商务相关议题的讨论和与数字贸易各方面有关的其他国际论坛等建议，促进数字经济发展和贸易增长。

2018 年，阿根廷担任 G20 轮值主席国期间，数字经济仍是 G20 峰会的重要议题。2 月上旬，G20 阿根廷峰会数字经济工作组第一次会议在布宜诺斯艾利斯召开。会议延续和深化 G20 杭州峰会、汉堡峰会成果，重点围绕新工业革命、数字经济测度、数字经济工作技能、缩小性别数字化鸿沟和数字政府等五个议题展开。预计年底的峰会上，还将就推动数字经济发展达成新的重要共识。

3. G20 国家密集出台数字经济战略

世界各国普遍认为数字经济是世界经济未来发展方向，大力发展数字经济成为各国共识。G20 国家高度重视数字经济发展，纷纷出台数字经济发展战略、数字议程等推动数字经济的发展，构筑新一轮经济浪潮下的领先优势。

发达国家不断升级数字经济发展战略。美国自 2011 年起先后发布《联邦云计算战略》《大数据的研究和发展计划》《支持数据驱动型创新的技术与政策》等细分领域战略。英国于 2015 年发布《英国 2015–2018 数字经济战略》，并于 2017 年发布最新《英国数字经济战略》。德国 2014 年发布《数字议程（2014–2017）》。法国的《法国数字化计划》（Plan France Numérique）也旨在建立一个更具竞争力的数字经济体。日本从 2001 年以来，先后出台《e-Japan 战略》《u-Japan 战略》《i-Japan 战略》《ICT 成长战略》等，其雄心勃勃的《创建最尖端 IT 国家宣言》旨在到 2020 年建成强大的数字经济国家。墨西哥《国家数字化战略（2013 年）》旨在使墨西哥成为“拉丁美洲的领先数字化国家”。

中国高度重视发展数字经济。习近平总书记在多个重要场合多次指示，要把握好数字经济带来的机遇，做大做强数字经济。李克强总理也指出，要推动数字经济创新合作，壮大数字经济。党的十八大以来，党中央、国务院高度重视数字经济发展，出台了“中国制造 2025”、“互联网 +”行动、国家信息化发展纲要、促进大数据发展行动纲要、新一代人工智能发展规划、进一步扩大和升级信息消费等系列重大战略和政策措施。2017 年政府工作报告中首次提出要促进数字经济加快成长，同年 7 月 12 日国务院常务会议提出，要制定促进数字经济发展战略纲要。

图 1　G20 主要国家数字经济战略

G20 数字经济蓬勃发展

1. G20 数字经济总体保持高速增长，但各国发展差距较大

G20 国家数字经济蓬勃发展，美国数字经济规模全球领先。测算表明，2016 年，美国数字经济规模达到 10.8 万亿美元，位列第一位，中国数字经济规模达到 3.4 万亿美元，日本、德国、英国分别位列第 3 至 5 位，数字经济规模均突破 1 万亿美元。2016 年数字经济规模第 6 至 15 位的国家分别是法国、韩国、印度、巴西、意大利、加拿大、墨西哥、俄罗斯、澳大利亚和印度尼西亚，数字经济规模均超过 1000 亿美元。南非数字经济发展相对滞后，2016 年数字经济规模仅为 483 亿美元。与 2015 年相比，除英国、墨西哥、俄罗斯、澳大利亚 4 国之外，其余 12 国数字经济均有不同程度增长，G20 数字经济持续增长态势较为稳定。

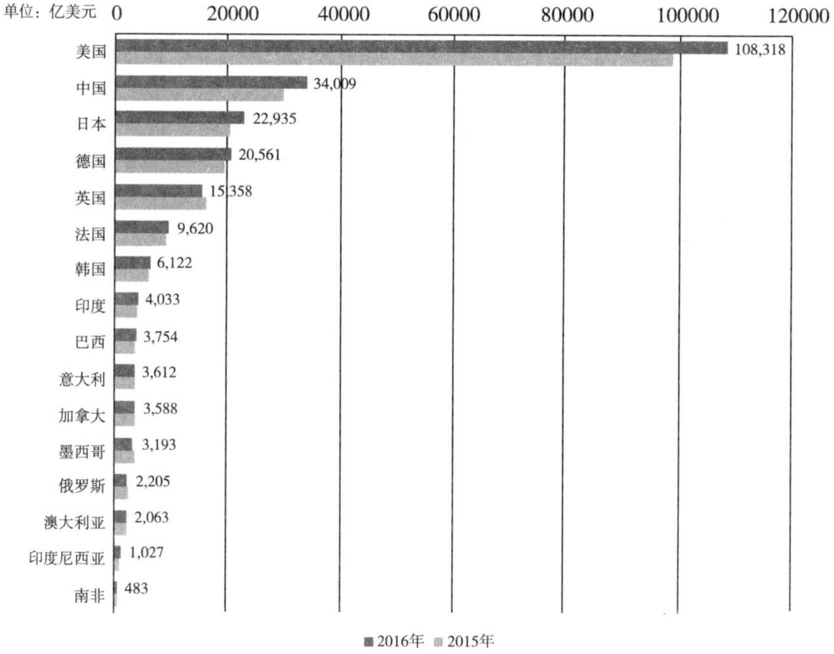

图 2　2015 年 – 2016 年 G20 数字经济规模

数字经济已成为带动 G20 国家 GDP 增长的核心动力。据测算，2016 年德国、英国、美国数字经济占 GDP 比重较为接近，分别为 59.3%、58.6% 和 58.3%，数字经济在其 GDP 中占据主导地位。日本、韩国、法国、墨西哥、中国数字经济 GDP 占比也超过 30%，位列第 4 至 8 位。加拿大、巴西、意大利、印度、俄罗斯、澳大利亚、南非、印度尼西亚数字经济 GDP 占比介于 10% 至 30% 之间。

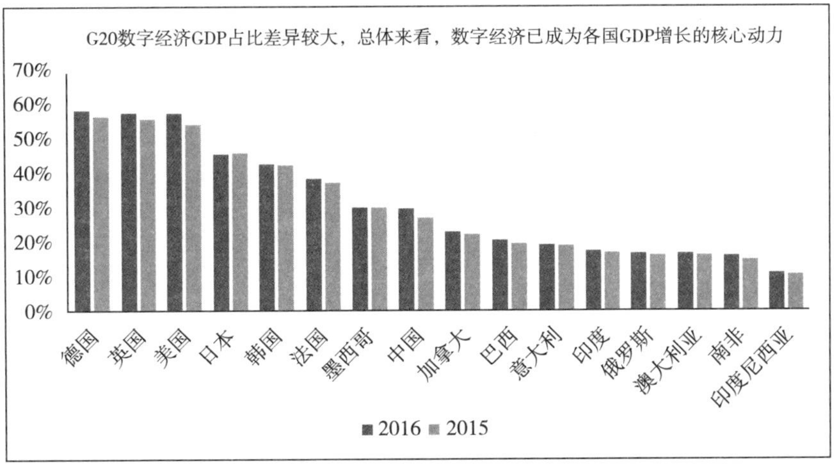

图 3　2015 年 -2016 年 G20 数字经济 GDP 占比

2. G20 数字经济基础部分稳定，融合部分成为主要引擎

数字经济基础部分是 G20 数字经济发展的先导力量。数字经济基础部分即信息产业的发展，可以为国民经济各领域提供丰富的信息技术、信息产品和信息服务，成为数字经济发展的先决条件。从基础部分规模看，2016 年美国基础部分规模位列第一，达到 1.3 万亿美元，中国次之，基础部分规模达到 7825 亿美元，日本位列第三，为 3915 亿美元。德国、英国、韩国、法国、印度数字经济基础部分规模均超过 1000 亿美元，位列第 4 至 8 位。巴西、意大利、加拿大、墨西哥、俄罗斯、印度尼西亚、澳大利亚基础部分规模介于 300 亿美元至 1000 亿美元之间。南非数字经济基础部分规模最小，为 97 亿

美元。从基础部分 GDP 占比看，G20 数字经济基础部分占 GDP 比重基本维持在 3%–8% 之间，2016 年韩国基础部分占 GDP 比重最高，为 11.3%，日本位列第二，为 7.9%，英国基础部分 GDP 占比为 7.4%，位列第三，美国基础部分 GDP 占比为 7.2%，位列第四，中国和墨西哥并列第五，均为 7.0%。其余国家基础部分占 GDP 比重均在 3%–6% 之间波动。

从 ICT 分类看，ICT 服务业增加值呈现出较为集中的发展格局。排名前 10 位的国家或地区依次为美国、欧盟、中国、日本、印度、加拿大、巴西、韩国、澳大利亚和印度尼西亚。其中，美国、欧盟与中国三大经济体的 ICT 服务业增加值占到排名前 10 位经济体的 80%。

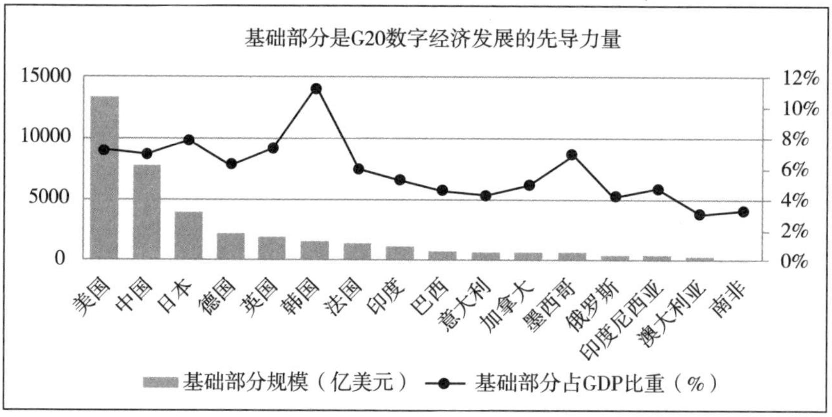

图 4　2016 年 G20 数字经济基础部分规模及其 GDP 占比

数字经济融合部分是 G20 数字经济增长主要引擎。2016 年，数字经济融合部分排名前 5 位的国家分别是美国、中国、日本、德国、英国，融合部分规模分别达到 9.5 万亿美元、2.6 万亿美元、1.9 万亿美元、1.8 万亿美元和 1.3 万亿美元，融合部分占 GDP 比重分别为 51.1%、23.3%、38.5%、53.0% 和 51.3%。法国、韩国、巴西、印度、加拿大、意大利、墨西哥、澳大利亚、俄罗斯数字经济融合部分规模均超过 1000 亿美元，融合部分 GDP 占比超过 10%。印度尼西亚、南非融合部分规模较小，仅分别为 586 亿美元和 386 亿美元，占 GDP 比重也较小，其中，印度尼西亚仅为 6.3%。综合来看，在数字经济总规模中，融合部分占据主导地位，2016 年，G20 国家数字经济融合部分占数字经济总规模的比重均超过 50%，除印度尼西亚之外的其他 15 国，数字经济融合部分在总规模中的占比都超过 70%，德国甚至高达 89.4%，融合部分已成为 G20 数字经济增长的关键动力。

表 1　ICT 服务业增加值前 10 名的经济体

	经济体	增加值（10 亿美元）	在前 10 名中的占比（%）
1	美国	1106	42
2	欧盟	697	26
3	中国	284	11
4	日本	223	8
5	印度	92	3
6	加拿大	65	2
7	巴西	54	2
8	韩国	48	2
9	澳大利亚	32	1
10	印度尼西亚	30	1
前 10 名总量		2657	100

数据来源：联合国，《2017 年信息经济报告》

总体而言，从内部结构看，G20 数字经济发展呈现以下明显特征：

基础部分是数字经济发展的先导，但未来国际竞争的焦点在于数字经济融合部分。G20 国家作为基础部分的 ICT 产业近年来普遍维持在相对稳定的发展水平，而融合部分在国民经济中的地位逐年提升，数字技术与实体经济深度融合，不断驱动新模式、新业态的蓬勃发展，促进传统产业转型升级，创造新就业模式，重塑社会治理格局，将成为各国经济焕发新活力的重要源泉。

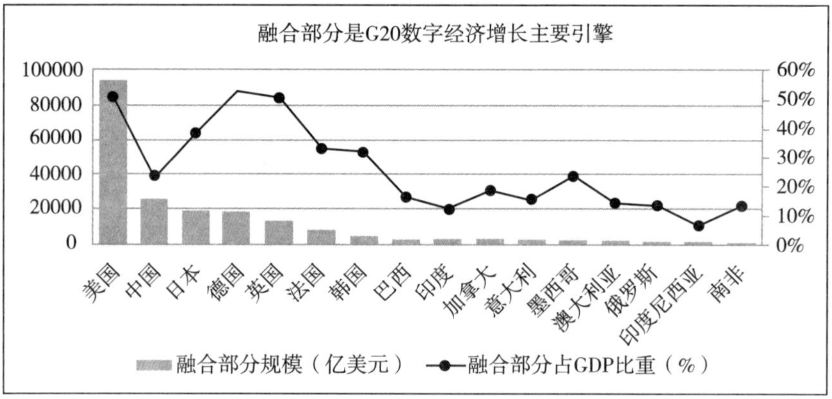

图 5　2016 年 G20 数字经济融合部分规模及其 GDP 占比

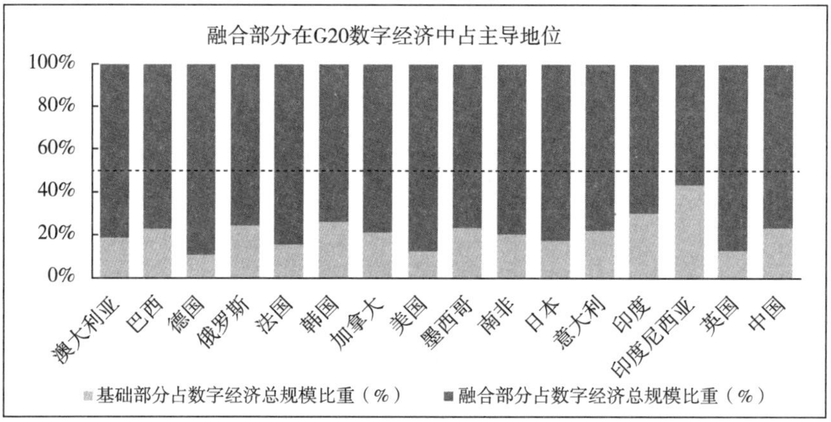

图 6　2016 年 G20 数字经济基础部分和融合部分占比

3. G20 数字经济行业渗透率呈现三产高于二产、二产高于一产的特征

G20 数字经济在各行业中的发展呈现出较大差异，数字经济占本行业增加值比重呈现出三产高于二产、二产高于一产的典型特征。

服务业中的数字经济。2016 年，G20 国家服务业数字经济占行业增加值比重由高到低分别为德国、英国、美国、日本、法国、中国、韩国、墨西哥、加拿大、巴西、意大利、澳大利亚、印度、南非、俄罗斯、印度尼西亚。德国服务业数字经济占比最高，高达55.9%，英国服务业数字经济占比为53.6%，美国服务业数字经济占比为53.3%，研发和其他商业服务业、金融服务业、公共管理和社会保障服务业等行业数字经济发达成为这些国家服务业数字经济占比较高的重要原因。发展中国家印度尼西亚服务业数字经济占比仅为9.4%，其金融业、批发零售业数字经济发展相对较快。

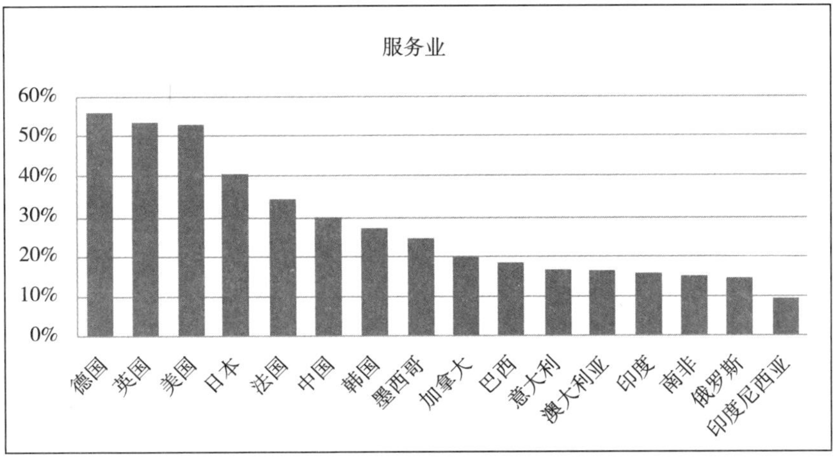

图7 2016年G20服务业数字经济占比

工业中的数字经济。2016年，G20国家工业数字经济占行业增加值比重由高到低依次为德国、韩国、美国、英国、日本、法国、墨西哥、中国、加拿大、巴西、意大利、俄罗斯、印度、南非、澳大利亚、印度尼西亚。德国工业数字化发展全球领先，工业数字经济占行业增加值比重高达41.8%，韩国紧随其后，为41.3%，美国、英国、日本工业数字化水平也分别为35.9%、33.7%和29.6%，电子机器设备制造业、机械设备制造业、采矿业等行业数字化占比较高成为这些国家工业数字经济快速发展的重要原因。发展中国家印度、南非、印度尼西亚，工业数字经济占比仅分别为9.0%、7.6%和3.7%，这些国家机械设备制造业、电子机器设备制造等行业数字经济发展相对较快。

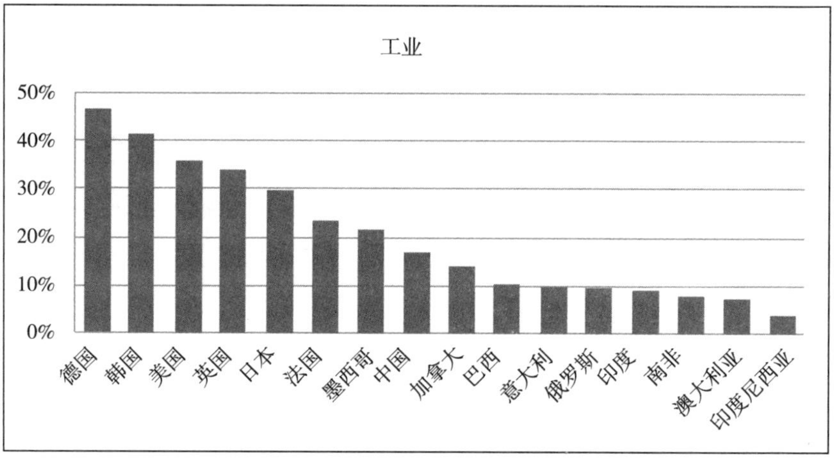

图 8　2016 年 G20 工业数字经济占比

农业中的数字经济。2016 年，G20 国家农业数字经济占行业增加值比重由高到低依次为英国、德国、韩国、美国、日本、法国、俄罗斯、意大利、中国、澳大利亚、加拿大、南非、巴西、墨西哥、印度、印度尼西亚。英国农业数字经济占比高达 25.1%，德国 21.3%，韩国 14.7%，位列前 3 位，美国、日本、法国位列第 4–6 位，农业数字经济占比均超过 10%。南非、巴西、墨西哥、印度、印度尼西亚农业数字经济占比低于 5%。

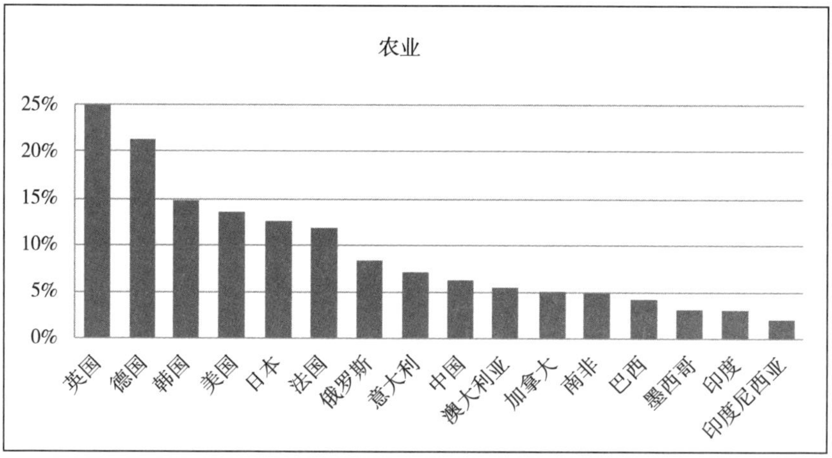

图 9　2016 年 G20 农业数字经济占比

总体来看，G20 数字经济发展呈现以下明显行业特征：

数字经济发展水平第三产业高于第二产业，第二产业高于第一产业。2016 年，G20 国家服务业中数字经济占行业增加值比重平均值为 27.8%，工业中数字经济占行业比重平均值为 19.7%，农业中数字经济占行业比重平均值为 9.2%。

各国三次产业中数字经济发展水平较高的行业相对较为集中。服务业中，金融服务业、研发和其他商业服务业、批发零售业数字经济发展较快；工业中，电子机器设备制造业、机械设备制造业数字经济发展相对较快。

G20 推动数字经济发展的主要举措与展望

1. G20 国家推动数字经济发展的主要举措

一是强化技术创新能力。各国积极制定相关激励战略，加速数字技术、产品和服务创新，支持数字化转型。美国发布《联邦云计算战略》《大数据的研究和发展计划》《美国创新战略》。德国推动大数据创新在“工业 4.0”、生命科学、医疗健康领域的应用，并促进 ICT、信息安全、微电子、数字服务等领域的投资。英国鼓励本土数字科技企业成长，并通过吸引世界各地的科技创新企业赴英发展。《欧洲数字议程》提出“数字技术标准和兼容性”的概念，以确保新的数字技术设备、应用程序、数据存储库和服务之间无缝交互。

二是深化融合创新应用。G20 各国均积极推动数字技术与教育、医疗和交通等领域的融合发展。教育方面，美国的政策重点在于提高宽带基础设施水平、增加学校计算机硬件设施数量。英国推动数字教育的关键在于增加在线授课内容，推广大规模网络公开课（MOOCs）等，来支持数字技能学习、劳动力再培训。医疗方面，

G20 国家加紧推进数字健康战略，将数字技术应用于医疗行业，提高诊疗的质量和效率、降低运营成本，并构建全新的医疗模式。交通方面，主要是利用数字技术创造一个安全、经济和环境友好型的道路交通体系。

三是弥合数字鸿沟注重普惠共享。重视基础设施普惠。美国较早出台促进信息公平、消除数字鸿沟的战略政策措施，早在 2000 年 2 月，白宫新闻办公室发布了《从数字鸿沟走向数字机遇》。欧盟则在《电子欧洲：创建所有人的信息社会》等一系列行动计划中指出，加快宽带覆盖和接入是欧盟推进信息社会发展的一项重要内容。着力提升数字素养。欧盟把数字素养提升到国家战略高度，为促进对数字素养的理解和公民数字素养的发展，实施“数字素养项目”，该框架包括信息、交流、内容创建、安全意识和问题解决 5 个“素养域”，通过提升公民利用数字资源、数字工具的能力扩大数字使用需求，着力提高欧洲数字经济基础普及能力。

四是提升政府治理能力。鼓励建设数字政府。美国提出《开放政府指令》《政府信息开放和可机读的总统行政命令》《开放政府合作伙伴——美国第二次开放政府国家行动方案》等，明确要求所有联邦政府机构都应在公开的网站发布此前的内部电子数据集。英国将数据描述为创新货币和知识经济的命脉。日本提出“建设成为世界上最先进 IT 国家”，其中一项重要目标就是让任何人在任何时间、任何地点，都可以通过一站式电子政务门户访问公共部门数据，享受公共服务。

五是保障数字经济安全。G20 国家共同面临着网络空间安全挑战，美国发布“网络空间国际战略”，将网络空间安全提升到与军事和经济安全同等重要的地位。欧洲网络与信息安全局发布的《国家网络安全评估指南》提出构建网络安全的关键举措，发展网络防御能力、增加网络弹性、降低网络犯罪率、加强网络安全方面的资源投入和研发支出、确保关键信息基础设施安全。德国计划推广使用安全的通信基础设施，促进数字技术安全产业发展，强化在线服务的安全性。

2. G20 国家数字经济发展展望

涵盖世界主要经济体的二十国集团（G20）代表着数字经济发展的前沿力量，未来一段时间各国数字经济发展战略逐步落地，将释放出令人振奋的巨大潜力，同时也需积极应对新经济形态带来的冲击和挑战，主动进行政策调适，加强国际合作。

G20 国家数字经济政策框架日渐完善。G20 各国纷纷出台数字经济战略，将数字经济作为经济社会发展的主线，强力推动基础设施建设、应用模式融合创新、经济数字化转型等战略举措，充分显示了利用科技创新积极发展数字经济的决心，可以预见数字经济作为全球经济复苏和发展的新动能，将开启全球经济发展的新篇章，全球经济将进入数字经济时代。未来，G20 各国将继续推进数字经济重要议题研究和改革进程，大多数国家将从信息通信技术、经济增长等单一发展策略，转变为将数字经济视为推动社会经济发展的综合性战略框架，继续完善国内数字经济政策法规，加强各国间互联互通和共享发展合作，携手构建数字经济时代和平、安全、开放、合作的网络空间共同体，进一步推动杭州和汉堡会议共识的落实。

数字化转型成为 G20 各国优先事项。数字经济是以创新为内核的经济形态，通过技术和商业模式创新，不断推动技术赋能，丰富经济新内涵，给传统企业带来全新的增长驱动力和价值创造方式。欧盟委员会称，“未来 5 年中，产品和服务的数字化将每年为欧洲增加超过 1100 亿欧元的收入”。数字化转型的特点是利用先进技术，实现物理系统和数字系统的融合，实现商业模式创新、新流程运用以及智能产品和服务的创造。BT（英国电信）的调查表明，65% 的首席信息官已经注意到，数字化转型已成为他们业绩表现的关键绩效指标（KPI）。

未来各国将依靠先进数字技术优势和传统领域的积累，抓住物联网、大数据、云计算、区块链和人工智能等新技术机遇，出台产业数字化新规划，帮助中小型企业、研究人员以及政府部门充分利用数字技术。

区块链、人工智能等新技术的机遇和挑战。数字经济时代，技术创新和迭代不断加速。从高德纳咨询公司（Gartner）发布的《2018 年十大战略科技发展趋势报告》（Top 10 Strategic Technology Trends for 2018）来看，包括人工智能、区块链、数字双胞胎等在内的新兴科技将深刻影响经济走向。人工智能在提高效率和质量方面显现出巨大潜力，可能重构生产、消费等经济活动各环节，催生新技术、新产品、新业态。区块链的应用，通过降低交易成本、提高可信度并通过智能合约保障执行，在很多领域创造了机会，使得没有可信交易对手的交易成为可能。数字双胞胎是指以数字化方式再现真实的实体或系统，用于了解物理系统的状态并提升价值。与此同时，新技术也将为各国数字经济带来或放大挑战，并提出新的政策和道德问题，如人工智能可能会对工作岗位、就业结构和劳动技能产生深远影响，区块链的应用潜力则取决于设法解决技术难题和应对政策挑战的程度。享受新技术红利的同时，如何应对相应挑战将成为 G20 国家未来重要的政策考量。

网络安全和个人隐私保护面临新挑战。安全和隐私保护仍然是数字经济发展的重要制约因素。在数字经济时代，网络安全问题不容忽视。2017 年爆发的勒索病毒在全球范围内疯狂传播，至少有 150 个国家受到网络攻击，波及全球金融、能源、医疗等众多行业。当前网络还不够安全可信，基于网络的征信体系还不够完善，只有创新监管模式，加强数据安全保护，进一步构建可信的网络空间，数字经济才能焕发出更大的活力。个人隐私被侵犯的问题更是触目惊心，大量非法采集、出售、购买、利用个人信息的非法产业正在形成。随着信息和通讯技术使用日益频繁，企业和个人将面对更高的数字安全和隐私风险，中小企业尤其需要引进或改善数字安全风险管理实践。G20 国家未来应加快制定数字经济背景下隐私保护的国家战略，充分释放数字经济潜力。

不平衡发展需持续关注。G20 国家间数字鸿沟仍然存在，据《G20 国家互联网发展研究报告》显示，2016 年，G20 国家互联网普及率平均达 69%，英国和日本居于前两位，普及率均超过 90%，美国、加拿大、德国等居于其次，普及率超过 80%，而墨西哥、印度和印度尼西亚三国则低于全球平均水平（47%），说明国家间互联网接入水平不均衡现状持续存在。同时在一国内部，企业和个人以及各经济体和社会群体间数字鸿沟也不容忽视。云计算和大数据分析增长迅速，但中小企业的使用仍较为落后，机器人也仅在少数经济体的生产中得到使用。因此，《G20 数字化路线图》明确，继续改善网络接入、扩大数字化基础设施、支持创新和消除数字鸿沟是需要持续努力的方向。数字经济发展有可能加剧 G20 国家两极分化问题。数字经济发展与经济发展水平具有较强的正相关关系，经济越发达的国家和地区往往数字经济发展水平越高，在一国内部同样存在类似的问题，例如中国，数字经济发展水平较高的地区，往往集中在东部沿海经济发达、ICT 产业基础较为雄厚的区域，而中西部地区却因经济发展过程中产业基础、技术基础、人才基础等薄弱，造成数字经济发展相对缓慢。某种程度上，数字经济的发展不仅没有减轻地区经济发展不平衡问题，反而强化了地区发展差异，造成区域分化加剧。

3. 中国数字经济发展建议

中国特色社会主义进入新时代，经济发展由高速增长阶段转向高质量发展阶段，正处在转变发展方式、优化经济结构、转换增长动能的关键期。数字经济创新活跃、发展迅速、辐射广泛，在驱动实体经济增长、提高劳动生产率、培育新增长点中发挥着日益重要的作用。

充分释放数字经济发展红利，要深入贯彻“五大”发展理念，落实网络强国建设“六个加快”要求，紧紧把握新产业革命大趋势，以供给侧结构性改革为主线，以完善的数字基础设施和先进的技术产业为支撑，大力促进数字技术与经济社会全面深度融合，全面增强发展内生动力，推动经济迈上“双高端”，让数字红利惠及每个国民。

构建领先全球的新一代网络基础设施，夯实数字经济发展关键根基。网络基础设施是发展数字经济、支撑国家数字化转型的必要基础和先决条件。当前，发达国家争相刷新网络发展新路标，构筑固定移动“双千兆”网络，织造空天一体化网络。对此我们要有持续紧迫感，在近年来与发达国家差距快速缩小的基础上，瞄准一流、再接再厉，打造全球领先、泛在先进的基础设施。深入实施提速降费，加快高速宽带网络建设，开展 5G 研发试验，力争在全球率先部署 5G 网络。顺应各领域数字化转型需求，适度超前布局和集约部署云计算数据中心、物联网等设施。建设陆海空天一体化信息基础设施，面向“一带一路”国家战略和我国的经济全球布局。缩小数字鸿沟，发挥宽带网络在助推脱贫攻坚中的作用，开展精准普遍服务，加快农村及偏远地区网络覆盖。

发展先进的信息技术产业，掌握数字经济发展主动权。信息技术和产业是数字经济发展的火车头。我国信息技术产业体系完备、规模庞大，技术创新能力大幅提升，具备了跨越发展的条件。要抓住新一轮信息技术革命带来的换道超车机遇，构建具有国际竞争力的“硬件＋软件＋平台＋服务”产业生态，抢占价值链高端和产业主导权。要构建安全可控和世界领先的技术体系，重点突破关乎数字经济长远发展的“卡脖子”技术，强化基础研究和前沿布局，力争在人工智能、纳米材料、未来网络等前沿技术领域实现率先突破，带动集成电路、基础软件、核心元器件等薄弱环节实现根本性突破。巩固新一代移动通信、下一代互联网等领域全球领先地位，着力构筑云计算、大数据、物联网等领域比较优势。要不断深化国际发展布局，加强与 G20 国家在相关领域的技术交流、人员交流与项目合作。对接“一带一路”国家战略，推进国际产能合作，支持企业提升“走出去”的层次和水平。

深化数字技术融合应用，充分释放数字经济发展潜力。在消费领域，我国的融合应用走在世界前列，但在工业、农业等产业领域，数字化转型才刚刚拉开帷幕。要释放政策红利，鼓励融合新兴业态加快成长。对数字经济新模式新业态，要本着“鼓励创新、包容审慎”原则，科学制定、审慎出台新的准入和监管政策。要以工业互联网为重点，加快提升实体经济的融合应用能力。面向重点领域加快布局工业互联网平台，为传统产业平台化、生态化发展提供新型应用基础设施，着力培育一大批成本低、服务好、产品过硬的集成解决方案提供商。要完善信息消费大环境，拓展融合应用市场空间。推动通信、物流、支付、售后等全过程降成本，完善市场监管体系，助力经济升级和民生改善。

推进包容普惠增长，让数字经济发展成果全民共享。民生是为政之要。发展数字经济，必须贯彻以人民为中心的发展思想，让各类主体平等参与数字经济发展，在做大蛋糕的同时分好蛋糕，使老百姓有更多成就感和获得感。要持续降低创业创新门槛和成本，持续鼓励双创平台建立，支持众创、众包、众筹、众扶等多种创新创业形式，形成各类主体广泛参与的创新创业局面。要全面普及和提升国民数字技能，大力发展分享经济，创造更多灵活就业机会，加强职业教育，增强劳动者在产业变革中的适应性，化解就业结构性矛盾，加大对弱势群体扶持力度，加快建立完善适应新经济形态的用工和劳动保障制度，为个人参与数字经济活动保驾护航。要善用数字技术编织民生保障网。推进移动互联网、大数据等技术在医疗、教育、养老等领域的广泛应用，创新公共服务供给模式，提高公共服务供给效率，扩大公共服务覆盖范围，最大程度提升人民群众的获得感和幸福感。

中国数字经济从量变走向质变

国家信息中心首席信息师、分享经济研究中心主任　张新红

在正式探讨这个问题之前，首先要回答一下什么是数字经济。2016年9月，中国杭州召开的IPEC会议上发布了《二十国集团数字经济发展与合作倡议》，对数字经济给出了一个比较清晰的定义：“数字经济是指以使用数字化的知识和信息作为关键生产要素、以现代信息网络作为重要载体、以信息通信技术的有效使用作为效率提升和经济结构优化的重要推动力的一系列经济活动。”中国信息化百人会在年度报告里给出的定义是：“数字经济是全社会基于数据资源开发利用形成的经济总和。”通过搜索引擎可以找到数十个关于数字经济的定义。其实这一点都不可怕，就像对于什么是人、什么是电至今都存在争议，但并没有影响人类发展和电的应用。对于大多数人而言，我们只要把握好数字经济的基本特征就可以了。

仔细分析各种定义可以发现，大家对数字经济的认识在主线和基本特征的认识上还是比较一致的，就是强调的都是现代信息技术的推动作用。现代信息技术基本上就是数字化技术。把整个现实的经济活动转化为计算机可以识别的数字0和1，这个过程就是数字化。所有的经济活动都变成0和1，就会不断地转化成海量的数据。这些数据经过加工再变成了有一定含义的东西，也就是信息。从大量信息里总结出能够经常为人们普遍认可并经常应用的东西，这就是知识。使用这些知识去认识和改变世界，这就是智慧。从数据到信息、知识、智

慧，形成了一个认知不断递进的过程。数据是信息时代最重要的资源和财富，就是基于这个原理。事实上，数据只能算是原始矿藏，要把它转化为真正的财富还有许多工作要做。

实际上，数字经济就是数字化驱动的经济，有时也被称为“信息经济”“网络经济”等，是信息社会的主要经济形态。如果不是做严谨的学术研究，数字经济与信息经济、网络经济等概念是可以互换使用的，中间画一个“≈”符号就可以了。

有了对数字经济概念的初步认识，就可以切入正题了。本文的主题是中国数字经济从量变走向质变，会以 8 个重要标志来说明中国数字经济是如何从量变走向质变的。

标志一：中国数字经济占 GDP 比重超过 30%

中国数字经济从量变走向质变的第一个标志就是：从总量上看，数字经济规模占 GDP 的比重已经超过了 30%。

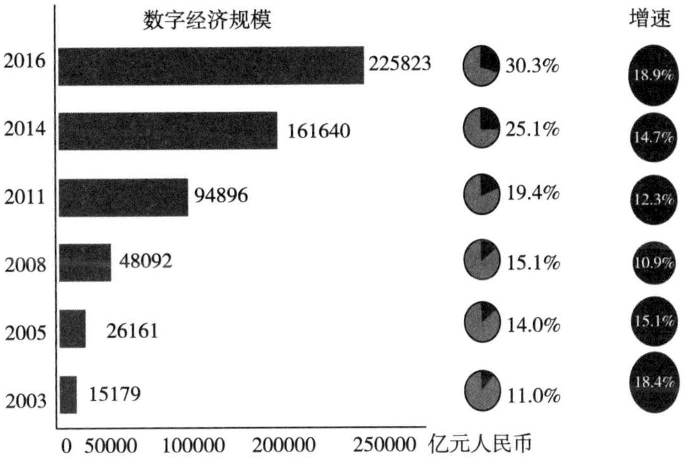

图 1 2003 年 –2016 年中国数字经济规模及其占 GDP 比重

（资料来源，《中国数字经济发展报告 2017》，下同）

根据中国信息化百人会发布的研究报告，2003 年的时候中国数字经济规模是 15179 亿元，到了 2016 年的时候这个规模是 225823 亿元。也正是从 2016 年开始它相当于 GDP 的比例是 30.3%，第一次超过 30%。为什么超过 30% 可以作为数字经济从量变走向质变的一个重要标志呢？按照罗杰斯的创新扩散理论，任何一个创新的增长都呈现出一个 S 形的曲线变化——刚开始的时候发展很慢，过了一定的阶段之后就会加速，再到一定阶段之后又开始放缓。数字经济规模到了占GDP比重达到30%后，就越过了从起步到加速发展的临界点。

到了加速发展阶段，数字经济发展会出现三个重要变化：一是速度加快。预计未来几年中国数字经济仍将呈现快速发展趋势。二是自动发展。在数字经济发展的初期阶段，需要技术提供者和政策制定者的大力推进，到了加速发展阶段其自身就拥有了发展动力。三是引发质变。数字经济不再是数字产业自身的发展，而是引发整个经济走向数字化，直至经济的全面数字化。

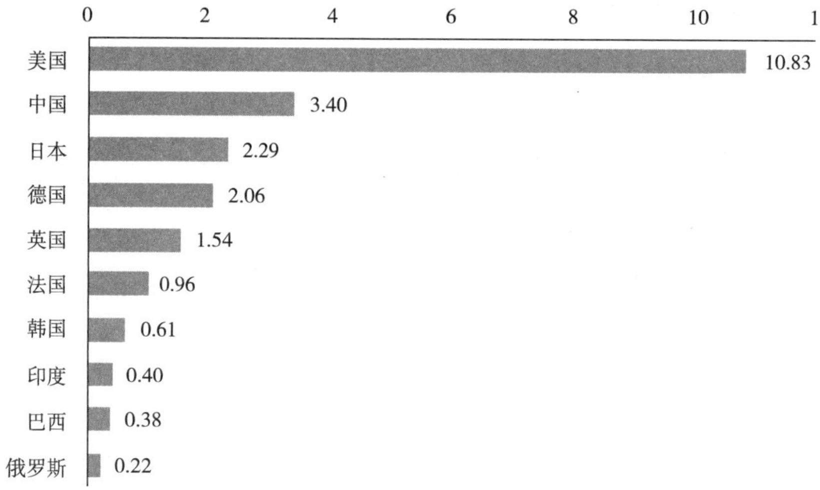

图 2　2016 年主要经济体数字经济规模比较（万亿美元）

从国际比较看，现在中国数字经济在总量上已经是稳居世界第二（约 3.4 万亿美元），比美国（10.83 万亿美元）还有很大差距，但已超过日本（2.29 万亿美元）、德国（2.06 万亿美元）、英国（1.54 万亿美元）。

标志二：传统行业的数字化的贡献最为突出

中国数字经济从量变走向质变的第二个标志是：从结构上来看，传统行业的数字化的贡献最为突出。

近几年制造业的数字化水平大幅度提高，也到了一个临界点。如果传统产业的数字化上不去，讲数字经济时代的到来就不足为凭。仅仅靠技术推动那是不够的，最明显的改变还是要看制造业或者是农业的数字化是不是达到一定程度，现在我们已经看到了一些可喜的变化。

为便于测算，根据数字技术功能特征的不同，我们可以把数字经济大体上分成三类：一是基础型数字经济，即以电子产品制造、电信服务、互联网产业等为代表的数字技术产业，也就是传统产业划分中的信息产业部分。二是融合型数字经济，即传统产业的数字化贡献。通过利用数字技术，传统产业（包括农业、制造业、服务业）可以大幅度提升生产效率，带动经济增长。这部分的贡献可以通过投入产出法等测算出来，克拉克模型也是这么做的。现代信息技术与传统产业的结合，就是信息化与工业化的融合发展，所以也称之为两化融合，其带来的贡献和表现就是融合型数字经济。三是创新型数字经济，即基于现代信息技术产生的一系列新业态。在实际操作中，不便于计入前两类的数字经济形态都可以算作是创新型数字经济。

在过去的 10 多年里，基础型数字经济占 GDP 的比重一直稳定在 6%–8%。换句话说，虽然信息产业每年也在发展，但它占 GDP 的比重基本上是稳定的。不仅中国如此，其他国家也是一样。讲发展数字经济，仅仅关注这一块显然是不够的。

与基础型数字经济的稳定发展相比，融合型数字经济的表现就大不一样了——不仅速度快，而且对数字经济增长的贡献越来越大。2016 年融合型数字经济的增速达到 25.7%，对数字经济增长的贡献度达到了 88.2%。这意味着数字与传统产业的结合所产生的聚合效应得到了释放，这是一个非常重要的标志。数字经济的主战场一定是在制造业里面，这是非常关键的变化，这也是为什么现在智能制造、工业 4.0 被广泛关注。

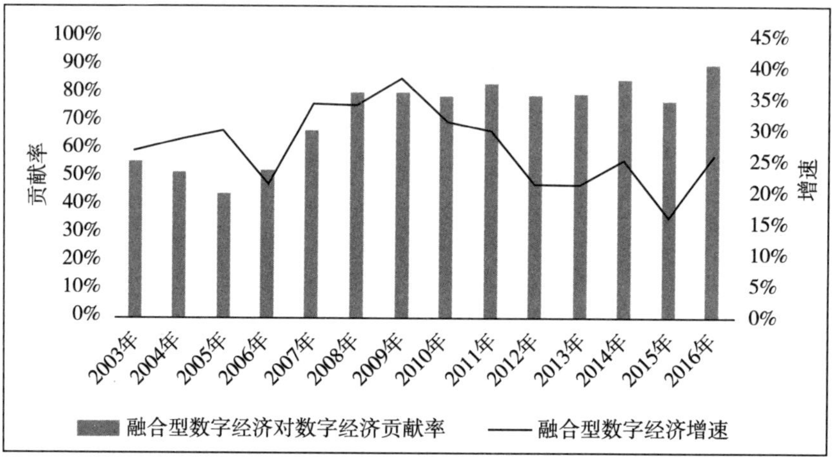

图 3　融合型数字经济增速及贡献率

标志三：平台经济快速成长

中国数字经济从量变走向质变的第三个标志是：平台经济快速成长。

数字经济发展中的一个突出表现就是平台经济的崛起。平台最重要的作用是什么？当然是聚合资源，即利用互联网把各种资源都聚合在一个平台上，这个时候它发挥的效应是原来简单的单个企业无法相比的。

平台经济近几年发展迅速，是因为它具备几个效应：

一是网络效应，源自梅特卡夫定律——网络价值与其结点的平方

成正比。通俗点说就是，使用网络的人越多，它的价值就越大。

二是双边效应，供给方和需求方任何一方数量的增加会给另一方带来更大的价值，从而带动对方数量的增加。即供给和需求会互相促进，互动成长。比如，在网约车发展中，平台上的网约车越多，使用网约车的用户就会越多；用户增加，也会吸引更多的网约车加入。

三是马太效应，你做得越好，对市场的吸引力就越大。

四是外部效应，平台经济发展会给整个经济和社会发展带来间接的重要影响。比如，网约车发展会带来环境改善、增加低收入人群就业等正外部效应，也可能会带来不会使用新技术的老人打车更难等负外部效应。

五是赋能效应，平台上集中的资源越多，参与平台的各方会有更多的创新机会和更大的创新能力。

正是因为平台经济具有这样的特征，所以这些年发展起来非常快，很多平台很快成长为独角兽企业甚至巨无霸企业。刚才有位专家老师提出一个问题——数字经济的财富是怎么创造出来的？其实这也与网络的上述特征密切相关。

平台经济快速成长还有一个重要的原因，那就是近几年与网络经济相关的技新术也都不断地成熟。这方面大家可能要关注一个时间点，即 2008 年是各种数字化技术成熟爆发的一个关键时间点。我们也研究过为什么会是 2008 年。是因为经济危机吗？还真就是跟经济危机有关系。分析历史上出现的重大经济危机，很有意思的一个发现就是，每一次重大的经济危机之后，紧接着来的就是新一轮的技术革命的爆发。有什么必然联系吗？通过分析我们发现真的是这样。其实在经济危机之前，很多的技术实际上早就已经存在，包括现在经常提到的云计算、大数据、物联网、人工智能、3D 打印的技术，并不是在 2008 年才出现的，在此之前的很长时间就已经出现了。一方面这些技术本身从概念、模型提出来，到商业化需要一个沉默期，到了一定时间才会真正快速发展。另一方面，很多公司对于一些创新技术都是作为一种储备，并没有着急拿出来变现，但是 2008 年经济危机时候，使这个公司不得不寻找新的出路，这些技术便开始发挥作用。当然，金融危机爆发之后，各国的政策环境变了，也急于找新的发展推动力，对新技术应用给与更多的政策支持，给你很多条件，或者是直接给你钱都有可能。这几大要素结合起来，就使得 2008 年之后这些技术像雨后春笋般的一夜就爆发出来了。很多新的技术、新的概念、新的词汇，在 5 年前、10 年前可能我们都没有听说过。一系列新技术及其创新应用的出现，极大地推动了平台经济的发展。

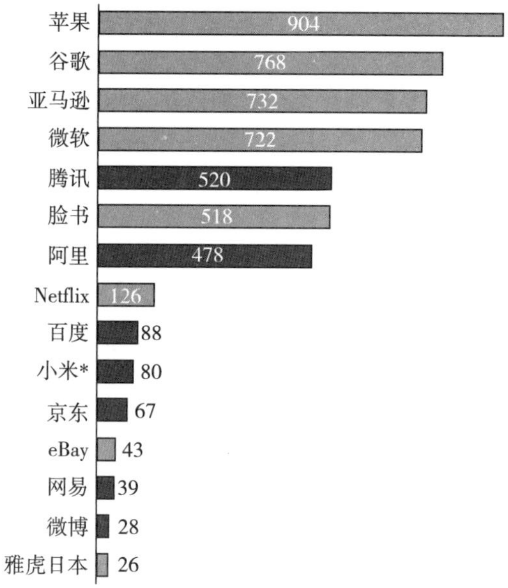

图 4　市值最大的 15 家互联网公司（10 亿美元）

在移动互联网时代，中国的平台经济获得了大发展，全球影响力迅速增大。2018 年 2 月，在世界排名市值最大的 15 家互联网公司名单里，大家可以看见中国的企业就有腾讯、阿里、百度、小米、京东、网易，中国就占了 6 个。这说明什么？中国的平台企业在全球的数字经济发展中已经占有非常重要的地位。所以我们也把平台经济的快速增长作为数字经济从量变走向质变，进入新阶段的一个重要标志。

标志四：新业态新模式大量涌现

中国数字经济从量变走向质变的第四个标志是：以共享经济为代表的新业态、新模式大量涌现。

数字经济发展到一定程度之后，一定会带来新的业态和模式。这里面表现最活跃、最抢眼，也是引发讨论热点最多的是什么？就是共享经济。共享经济风靡全球，前后也就用了三五年的时间。中国共享经济起步跟美国共享经济差的有多远呢？大家可以回想一下，共享经济初期发展中有两个最主要的代表新领域，一个是出行，一个是住宿。以出行领域为例，美国的优步创立于 2009 年，中国的滴滴成立于 2012 年，晚了 3 年。后来的发展就很有意思了，到了 2015 年的时候，滴滴一年的订单量达到了 14.3 亿单，已经超过优步前 6 年的全球订单量的总和。2017 年滴滴订单总量达到 74.3 亿单，是除了中国之外全球网约车订单总量两倍。虽然我们起步晚，但是成长非常快。

更重要的是，我们很多的创新是国外没有的。国家信息中心从 2016 年开始发布中国共享经济发展年度报告，2018 年的报告里面提供了一些数据：2017 年中国共享经济的交易额是 49000 亿元。从融资额看，在 2013 年之前全球共享经济领域的融资额加起来不会超过 40 亿美元，但是最近几年不得了。2017 年仅在中国市场投入到共享经济领域的融资额就有 2160 亿元。2017 年这些共享经济平台的员工数已经达到了 716 万人。平台上的服务提供者人数超过 7000 万人，使用者人数超过了 7 亿人。上述这几个数字都可以用来反映中国共享经济的规模，目前只有中国能做得到。我跟国外的一些专家讨论的时候，问他们怎么看待中国的共享经济的发展，他们都承认中国已经走在了前列。2018 年政府工作报告里提到中国在四个领域的创新开始引领世界潮流，其中一个就是共享经济。

领域	交易额（亿元）		
	2015 年	2016 年	2017 年
知识技能	200	610	1382
房屋住宿	45	85	145
交通出行	1000	1281	2010
生活服务	3603	7233	13214
生产能力	2000	3296	4120
医疗分享	29	47	70
资金	10000	20863	28264

图 5　2015 年 –2017 年中国共享经济重点领域交易额

（数据来源：根据历年《中国共享经济发展报告》数据整理，国家信息中心。）

从这些共享的模式来看，2016 年被称为共享单车的元年、知识付费的元年、网络直播的元年。到了 2017 年，包括共享雨伞、共享篮球、共享充电宝、共享停车位、共享床铺、共享宿舍、共享冰箱等各种各样的共享模式不断被创造出来，让人看得眼花缭乱。一个可喜的现象是，在一些重要的领域开始出现了共享模式，比如在物流领域有了一个运满满，目前基本上整合了主干网上的大卡车的运输能力，集中了 500 多万辆卡车，基本上涵盖了占了主干线上重卡汽车的 80%，集成了 100 多万个用车单位。加入这个平台后，哪些地方有货很清楚，卡车司机不用担心找货源。过去找货源的时间很长，现在变得很容易，找货时间大大缩短。

在产品、空间、知识技能、劳务、资金、生产能力六大领域及其细分领域中，几乎每年都有新的业态诞生，都有大量的共享经济平台上线。从创意设计、营销策划到餐饮住宿、交通出行，从资金、设备到物流、劳务，从美容美甲、医疗保健到知识技能、生产能力，共享经济的触角已延伸到众多领域。分享型平台数量持续上升，一些领域在短短数年里就涌现出数百家企业，并迅速形成一批初具规模、各具特色、有一定竞争力的代表性企业。国外出现的共享经济模式绝大多数在中国都能看到，属于中国的原创性共享经济模式也开始大量涌现。

共享经济领域开始出现一批“独角兽”企业。国际著名创投调研机构 CB Insights 公布的数据显示，截至 2017 年底全球独角兽企业共有 224 家，其中中国企业达到 60 家，占总数的 26.8%。具有典型共享经济属性的中国企业 31 家，占中国独角兽企业总数的 51.7%。2017 年新进入该榜单的中国企业有 17 家：今日头条、联影中国、快手、摩拜单车、ofo 小黄车、斗鱼、拼多多、VIPKID、小红书、团贷网、网易云音乐、猿辅导、一下科技（秒拍）、iTutorGroup、沪江网、小猪短租、51 信用卡等。共享企业成长速度之快也出人意料，新美大和今日头条在 5 年里成为估值过 100 亿美元的超级独角兽企业，滴滴出行和陆金所仅用了 3 年，而 ofo 小黄车和摩拜单车成长为独角兽企业只用了 1 年多时间。

当然，新业态、新模式不是只有共享经济，在制造业领域里面已经开始出现网络化协同研发、大规模个性化定制、服务型制造、智能制造等。我们现在需要做的是什么？就是把这些经验给挖掘出来、整理出来并加以推广。

标志五：数字经济成为新动能

中国数字经济从量变走向质变的第五个标志是：数字经济已经成为最活跃、最重要的新动能。

数字经济不仅仅是作为一个新的业态出现，或者只是速度快一点，更重要的是从动能和动力机制上为我们解决现在经济发展的难题。

改革开放 40 年来，经济发展的主要动能有哪些？我们可以列举出一些主要的动力源，比如，改革的红利、全球化的红利、人口红利、投资拉动、资源要素投入等。这些都是我们熟悉的动能，因为我们就是靠着这些发展起来的。但到了现在这个阶段，我们发现这些动能都遇到了瓶颈。如果按照过去的做法，想让这些动能继续发挥重要作用基本上很难，是一个无解的方程。要破解这个方程，就需要引入新的要素，这个新的要素是什么呢？就是数字化或数字经济。把这个要素放进去后，我们发现之前的无解的方程变活了，变得有解了，我称它为数字续航，即可以通过数字化重新提升原来的动能。

经济动能	瓶颈	数字续航
改革红利	好改的都改了	网络化资源配置——瞄准痛点，轻松解决；倒逼效应
全球化红利	后危机时代	全球资源与市场
人口红利	成本提高，就业难	赋能效应，网民红利
投资拉动	产能过剩	众投众筹，精准投资
消费拉动	到国外去抢购	个性化需求的满足
资源投入	环境恶化	让闲置资源动起来

图 6　经济动能与数字续航

标志六：生产方式和生活方式加速改变

中国数字经济从量变走向质变的第六个标志是：数字经济正在加速改变生产和生活方式。

互联网改变了资源配置的方式，使整个的增长方式都发生了变化。越来越多的企业开始利用数字化技术开放研发、设计、生产、营销、金融等资源和产能，加速推进基于平台的个性化、网络化、柔性化制造与服务化转型，打造上下联动、内外协同的创新创业生态系统，打造协同生产或服务平台。这方面目前表现比较突出的例子已经有很多，比如沈阳机床厂、海尔人人创客平台、淘宝网上的淘工厂等。从企业创立到资金筹措，到研发设计、生产加工、流通服务等，都开始出现共享经济平台。比如，猪八戒网聚集了上千万个设计团队，可以为企业提供个性化服务。硬蛋科技把所有与智能硬件相关的生态圈全部打通。在这种情况下，数字经济提供了什么样的机会呢？所有你需要的资源都可以通过互联网共享方式来获得。你只要做好最擅长的事就好了，你不擅长的事情都有人帮你做好。总结成一句话就是：企业可以换一个玩法。

在数字经济尤其是共享经济的带动下，人们的生活方式也在发生明显变化。从吃饭、穿衣、住宿、旅行，到工作、学习、娱乐、康养，人们越来越习惯于通过互联网平台满足各种需求。现在我们讲数字化生存，可以一部手机走天下。总结成一句话就是：个人可以换个活法。

标志七：多方参与的协同治理体系逐渐形成

中国数字经济从量变走向质变的第七个标志是：多方参与的协同治理体系正在逐渐形成。

过去的经济治理主要是靠政府，政府部门的权力非常大，大家对政府给予的期望也是非常高，什么事都希望政府做好。现在光靠政府部门不行了，因为真正有用的信息可能不是掌握在政府部门手里面，了解信息最多的可能是平台企业。很多网规的形成、网络诚信建设是在平台自身发展的过程中自发形成的，并不是政府率先制定。平台经济是个新生事物，过去没有遇到过，原有的监管规则不适用了，如何制定新规则也不清楚，就给监管带来了很多难题。下一步怎么办？建立多方参与的协同治理体系一定是个大方向，政府部门、平台企业、产业联盟及行业协会、用户群体等都是数字经济治理体系中不可或缺的主体。

政府将围绕营造公平有序的市场环境，积极创新监管方式，推进公共数据开放共享，加快完善法制建设。同时，政府部门间的协同也很重要，网络的跨行业、跨领域、跨地域特征使得单个部门的监管作用不大，需要协同治理。比如，2017 年出台的关于共享单车发展的指导意见就是由十个部门联合制定的。

平台企业将以围绕“以用户为中心”，通过建立完善的准入制度、交易规则、质量安全保障、风险控制、信用评价机制、用户信息保护等大数据监管体系，成为构成协同监管的重要组成部分，也为创新政府监管提供宝贵经验。

社会组织将在标准化建设和行业自律等方面发挥积极作用，用户将更多地通过评价、反馈机制参与平台治理，真正达到共享共治。

标志八：更多深层次的影响开始显现

中国数字经济从量变走向质变的第八个标志是：数字经济引发的深层次影响开始显现出来。

人们对数字经济的认识是不断发展的，对于一些重大变化最开始是看不到的，但是随着实践的发展，它就会逐步变得清晰起来。

数字经济发展带来资源配置方式的改变。以前主要是政府配置资源和市场配置资源，就是“看得见的手”和“看不见的手”。现在网络也成为重要的资源配置方式，增加了一个新的维度，使整个的经济学范式开始变化。最近一年多的时间里，主流经济学家们开始讨论经济学理论的发展，这就是一个好的现象。

数字经济对就业的影响也是非常大。过去人们担心新技术的应用会对就业产生冲击，现在的答案已经变得清晰了。在最近的 5 年里，每年新增的城市就业岗位都超过 1300 万个，可以说是就业形势最好的时期。在经济增长速度放缓的情况下能把就业问题解决得这么好，恰恰得益于数字经济的发展。以共享经济为例，2017 年共享经济平台企业的员工数就比上一年增加了 130 万人，意味着在当年每 10 个新增就业岗位里面就有一个是平台企业提供的。更重要的是间接就业或灵活就业者大量增加，每年在共享经济平台上提供服务的人数有 7000 万，这也将对解决就业问题起到十分重要的作用。

数字经济对促进包容性增长的影响也很明显。比如 2017 年在滴滴平台上拉活赚到钱的人有 2108 万，其中 313 万人来自产能过剩行业，133 万人是失业人员再就业。在生活服务领域，2017 年底美团外卖活跃骑手人数超过 50 万人，其中 15.6 万人曾经是煤炭、钢铁等传统产业工人，有 4.6 万人来自贫困县。在劳务分享领域，众志好活是一家专注于打造劳务外包的双创平台，成立两年时间已经累计拥有用户数 72.1 万，月活跃用户数 12.1 万人，绝大多数分布在劳动密集型产业。

数字经济的快速发展还对创新城市管理和社会治理形成了较为明显的倒逼效应，引发了对重构经济学范式和现代经济体系的思考。当然，数字经济发展更深刻的影响还需要进一步观察和认知。

数字经济从量变到质变的 8 个标志，并不是说只有这些变化，只是想通过这些变化说明一个问题，即中国的数字经济已经到了一个新的发展阶段，已经从起步期进入了快速成长期，从量变开始走向质变，对整个经济社会政治文化的影响也正在深化。数字经济不仅为中国经济未来的发展闯出一条新路，也能让人们的生活变得更加美好。

下篇

企业案例

2018
数字经济大会报告

超越自我　赢在世界

IDG 资本全球董事长　熊晓鸽

我的第一份职业是记者，之所以走上风投这条路，也和当过记者有关。1988 年到 1991 年，我在美国一家电子杂志做记者，跑西部硅谷地区的新闻。那时候西部没有东部有名，所有计算机公司都在东部，包括当时最有名的电脑公司“王安公司”。并且东部有最好的学校和好创意，比如拍立得公司也在波士顿，而硅谷那时候主要是做半导体、元器件的，应该说是比较低水平的。我 1986 年去美国留学，那时候才知道什么叫做 IT 产业，也知道了什么叫风投，什么叫创业者，在波士顿体会到新的技术对社会带来了怎样的作用。

1991 年底的时候，我加入了 IDG。IDG 董事长麦戈文先生 1980 年在中国办了一份报纸，叫《计算机世界》，我回中国后，创办了一份电子杂志叫《电子产品世界》。我当时想把美国的市场信息拿到中国来，同时把中国的电子产品出口到美国去，这个想法启发我把风险投资介绍到中国来。那个时候正好是邓小平同志 1992 年南方视察之后，中国很多创业人士不知道怎样寻找资金，所以我就借助这样一个机会，做了人生第一只基金。

风投的遗憾和收获

世界发展太快了。这也是为什么我今天的演讲题目叫做“超越自我，赢在世界”。2006 年到 2008 年，我曾经和 CCTV2 合作了一个节目叫“赢在中国”，第一届评委是我、吴鹰和马云，第二届是我、马云和史玉柱，而第三届是我、史玉柱和俞敏洪。这个节目持续做了 3 年，3 年间马云的阿里巴巴公司还没上市，其他公司也没有大的成长。然而短短的 10 年间，这些公司发生了巨大的变化。IDG 资本很幸运，投资了百度、腾讯，但是漏了阿里巴巴，这是我最大的遗憾。投资是遗憾的行业，如果投资失败，可能会想当时我为什么要投。投了成功的企业会想，当时为什么投少了，或者卖得太早了。

但是在今天谈这些，其实也都已经成为过去了。腾讯是 2004 年上市的，而百度是 2005 年上市的。互联网公司真正开始盈利是从 2005 年，因为那时候中国互联网用户超过了 1 个亿，就这么简单。但是如果我们只谈过去，怎么能超越自我？我们 IDG 资本一定要投出比 BAT 更牛的公司！当然，很多人会质疑有可能吗？我认为这个目标极具挑战性，但也不是不可能，我们一直在努力。因为现在 BAT，包括京东，市值非常高，但是他们在海外的销售额和他们的整个销售额相比，还是比较小的。除此之外，他们基本上都是 2C，根据我的判断，我们过去的发展无非是互联网走向了“互联网 +”，这些公司，无非都是这个发展路径。

2018 年 3 月份，我们投资的两个公司爱奇艺和 bilibili，两家公司几乎同时在美国纳斯达克上市。爱奇艺融资达到了 20 亿美元。中国在过去的 10 年中发生了巨大的变化，风投下一步的机会在哪儿？

未来风投方向在“+ 互联网”

未来的发展一定是从“互联网 +”逐渐变成“+ 互联网”，并且“+ 互联网”是很重要的一点。工业方面今天比如有富士康，我们现在看到的 iphone、ipad，都是富士康的工厂生产的，机器人的使用有很大的市场潜力；大家都在谈出行，我们既投了蔚来汽车，也投了小鹏汽车；我们还投资了商汤，也投了小米。我认为未来以自动驾驶等为主攻方向的公司，可能代表着未来风投的投资方向。小米到今天，虽然在国内做得非常不错，但它的成功很重要的一点，在于海外市场的成功，比如它在印度的市场目前处于第一位置。我在我的家乡湖南投了一个公司叫安科，现在它的产品 95% 以上在海外，同样创造了很多的就业机会，也有很好的利润。我也希望未来有更多的中国品牌能落地外国，所以我认为，我们要放弃过去的商业模式，关心我们在哪些方面有竞争，未来如何布局我们的投资。比如像云计算等，很有可能打造一个具有世界影响力的中国企业品牌。过去讲赢在中国，现在我们一定要赢在世界。

在河北廊坊这个地方谈数字经济和京津冀协同发展，对于中国来讲应该是非常重要的！随着 5G 和其他一些新技术的应用发展，京津冀地区将迎来很多机会，而廊坊由于大数据产业的蓬勃发展，无疑将拥有更加美好的未来。希望廊坊的数字经济产业也能和 IDG 资本一样，超越自我，赢在世界。

工业互联网的发展机遇和挑战

富士康工业互联网股份有限公司董事长　陈永正

“工业互联网”概念的兴起，很大程度上来源于“中国制造2025”战略的提出。这一战略要求，国内制造业需要进一步提升自主创新能力、产业结构水平、信息化程度等。工业互联网因兼容吸收了互联网技术、服务、思维和工业技术工艺，是新工业革命时代不可或缺的工业基础设施，是推动工业转型升级、推进高质量发展、构建现代化经济体系至关重要的抓手，有助于实现制造强国的目标。

美国国家科学基金会（NSF）智能维护系统产学合作中心主任李杰认为，工业企业面临的最大挑战是不确定性和碎片化的问题，而这些问题的破解，需要数字化将它变成确定的肌理模型。对于这些工业肌理、工业模型，事实上传统工业企业有更多的积淀，并不是 IT 与互联网企业短时间就能补齐。而随着人工智能、互联网的发展，工业企业正在通过各种各样的方法吸引越来越多人工智能、大数据和互联网人才的加盟。无论是工业企业还是互联网企业，虚实融合，工业互联网才能真正实现。

工业互联网的价值究竟有多大？有三个数字可以作为参考：第一个数字，摩根斯坦利预测 2020 年工业互联网市场规模将达到 1100 亿美元；第二个数字，埃森哲预测 2020 年工业互联网将影响全球经济的规模达到 14.2 万亿美元；而第三个数字来自赛迪智库的报告，称工业互联网消费价值是消费互联网平台的 100 倍，2025 年工业互联网将创造全球 82 万亿美元的经济产值，占全球经济总量的二分之一。这些数字表明，工业互联网未来将会和各行各业产生关联，所以必定是中国实施工业强国战略的主要途径。

采集正确数据是实现智能制造的关键

今天讲到工业互联网，许多人都提到了要提高质量、增加效率、降低成本、降低存货，但是要做到这些应该如何做？我认为要使用人工智能，而人工智能的基础是数据，所以工业互联网想要借助人工智能获得发展，必须采集到正确的数据。在制造业领域，采集正确的数据是非常困难的，全世界的机器相连接，会产生大量的数据，但这些庞大的数据中，什么样的数据才可以真正被利用是一个问题，所以抽取到最关键的数据非常具挑战性。

在工业运作流程中，原来只是采集一些离散的数据，包括像图像、文字、电信号等，但现在影像变成了更重要的数据。举一个例子，富士康在做群创面板时，16K 摄像机才能捕捉到精确影像，而我们家庭使用的摄像机分辨率仅为 4K。数据从一些传统的文字图片变成了视频，这非常具有挑战性，怎样去采集好影像，如何用不同的设备采集到精准的数据是最关键的。以前大家谈到互联网的时候，会做很多 APP，在里面增添很多应用，把设备连接起来，但这种方式没有办法产生工业互联网的效果，所以产生数据、采集数据的各种技术手段和设备非常关键。

除此之外，工厂里数据采集、传输和人们设想的可能不太一样，并不是采取设置有线线路的方式，因为机器一旦改变位置，就需要大量调整线路，在实际生产中并不适用。但是利用 wifi 也不合适，因为一个工厂里有非常多机器，wifi 的干扰很大。因而我们在开发工业互联网时，需要用 4G、5G 技术，用设置内网的方法，做到安全有效地联网。

另外，工厂采集到的视频数据量非常大，一层楼有十几台机器，采集到的视频数据加起来大概有 1TB。但是，从海量数据中找到真正有用的数据才是关键。所以，在工厂里能指挥机器，需要非常高效的运算，这需要一些更高层的应用。

富士康工业互联网要成为业界领跑者

在以供给侧结构性改革为主线，加快发展数字经济，推动实体经济和数字经济融合发展的时代背景下，富士康作为中国制造业巨头，致力于推动互联网、大数据、人工智能同实体经济深度融合，深入实施工业互联网创新发展战略。

用 9 个字来概括富士康工业互联网生态体系，即大智物移云网 + 机器人。从核心层到 IaaS、PaaS，再到 SaaS 层，富士康工业互联网要做的是“实体制造 + 数字制造”的整个生态体系。特别是核心层，包括核心层运算、工业网关、机台控制与工厂设备等。在这个信息挖掘和智能感知的维度，富士康有 30 年的实体制造经验，正是因为积累了“关键、有效、微观、纳米、海量”的制造数据，再加上人工智能、云计算等能力，富士康有理由在工业互联网这个新赛道上成为领跑者和赋能者。

富士康工业互联网不仅是制造型公司，更是一家平台型公司。未来，富士康工业互联网将利用募集资金和自筹资金在现有生产线基础上，更新 IT 系统架构，升级自动化流水线，达到工厂车间的进一步自动化和熄灯作业目标，实现机器与机器、机器与人及人与人的互联互通，并将信息流、资金流、技术流、人员流、物料流和过程流等六流的贯穿整合，发展大数据应用，提升公司创新与分析决策能力，赋能更多的中小企业。富士康工业互联网将会成为中国精密制造、智能制造的核心平台，真正实现数字经济和实体经济的深度融合。

探索数据产业发展的数字之城

润泽科技发展有限公司董事长　周超男

河北省廊坊市是我国京津冀协同发展的核心功能区，是京津发展主轴上的核心节点城市，发展大数据产业具有得天独厚的后发优势，这里正在成为数字经济时代的数据枢纽之城。

2009 年 8 月，润泽科技发展有限公司（以下简称“润泽科技”）在廊坊经济技术开发区悄然成立，这是一家专注于大数据全产业链的科技型企业，专注于数据存储、数据灾备中心、云计算、大数据应用领域持续大规模的投入。润泽科技是 ICT 产业的综合解决方案提供商，是廊坊第一个从事数据产业研发、存储、应用等探索与实践的企业。润泽科技的成立就像一支冲锋号，正式拉开了廊坊大数据产业蓬勃发展的序幕！

打造全球数据中心云聚核港

2010 年 5 月 18 日润泽科技启动了润泽国际信息港 66 万平方米的数据中心建设，紧接着联通、华为、人保、京东数据中心落户廊坊，在大家扎扎实实持续投入下，廊坊已形成全球规模最大的数据中心群，奠定了廊坊在中国数据产业服务的自然首位！

润泽科技数据中心是润泽科技的核心业务，从 2009 年开始就引进国内外领先的规划、设计、建设、运营的全生命周期服务管理体系，立足稳定、安全、可靠这三个基本点上，奉行品质第一，一丝不苟、不惜成本、下足功夫、精雕细琢、精益求精、追求完美的工匠精神。在满足三个基本点的基础上，勇于创新，致力于打造新一代绿色数据中心。真情所至、金石为开，润泽科技凭借赢得了用户的肯定和青睐，吸引了国家信息安全中心、国家信息中心、国家政务外网等国家部委、国家高分辨对地观测系统河北数据存储基地、国家 CSIP 河北云存储平台；中国电信、中国联通、中国移动、中国教育网等运营商；今日头条、京东、美团、华为等数十家国内外优质用户入驻润泽数据存储服务平台。随着越来越多的优质用户入驻，润泽数据机房已成为国内探索安全、稳定、可靠、智能、高效的数据中心实践和示范培训基地，是数字经济时代不可或缺的基础实施和重要数字资源基地。

2006 年至今，润泽科技在做好 IDC 出租业务的基础上，向大数据创新应用产业聚合发展，首先是把非租赁机柜作为产品，以创新融合的方式，将合作、合资等灵活多样的方式相结合，迅速聚集了众多合作企业和大批年轻的创业者，润泽是一片优质服务的沃土，先后入驻银河舰队平台的有：工惠驿家总部，顺丰冀北区调度中心、汇天科技、银盾泰安、安广传媒、+U 科技、八方探索，中科遥感、腾讯腾创、科大讯飞、新奥科技等一大批知名企业，年轻且极具活力双创型企业也在陆续入驻。从集聚到开放，从开放到合作，从合作到应用。润泽国际信息港正驾驭着一艘集产、学、研、用为一体的数字航母，驶向浩瀚的数字经济海洋。

推动天空地海时空数据应用技术

数据存储是基础，数据应用是未来，没有数据的应用，就没有数字经济的未来。人才、基础科学、应用技术是数据应用的核心力量。

如今在银河舰队数字航母群上，汇聚了天空地海大数据技术工程实验室、京津冀大数据应用技术研究院、京津冀大数据教育区块链、京津冀大数据产业联盟、京津冀大数据综合试验区重点项目、京津冀量子通信基础网络建设等基础科学研究和实践平台；河北省服务外包产业基地、河北省高层次创新团队等大数据创新应用技术服务和人才平台。随着“天空地海一体化大数据技术工程实验室”（以下简称天空地海实验室）落地京津冀大数据创新应用中心，天空地海实验室由润泽科技牵头，联合中国遥感应用协会、中国资源卫星应用中心、国家测绘地理信息局卫星测绘应用中心、国家地理空间信息中心、国家卫星气象中心、国家超级计算天津中心、中科九度、河北工业大学、北华航天工业学院等单位共同申报成功的。

润泽科技联合中国遥感应用协会、中国资源卫星应用中心、国家测绘地理信息局卫星测绘应用中心、国家卫星气象中心、国家超级计算天津中心、河北工业大学、北华航天工业学院、天津中科智能识别产业技术研究院、中科九度（北京）空间信息技术有限责任公司、南京云创大数据科技股份有限公司等国内天空地海信息和大数据应用优势单位共同打造一个开放、协同和创新性天空地海大数据技术应用平台——京津冀天空地海一体化大数据应用联盟（以下简称天空地海联盟）。2016 年 12 月 22 日，天空地海联盟在国家发改委、工信部、国家网信办和京津冀三地政府领导见证下签约成立。

随着大数据、智能化、物联网、移动互联网、云计算的飞速发展，天、空、地、海四个领域积累了非常宝贵的基础数据，就像“人不能两次踏进同一条河流”一样，时空数据一旦失去就再也找不回来了，天空地海领域非常宽泛，囊括了地球、天空、海洋的过去、现在、将来的时空数据，对国家发展具有非常重要的战略意义。同理如果把全部的原数据都存储起来，而不加以应用，就不会对社会、对人类有所贡献。存储量越大，国家的存储费用包袱就越大。如何有效地统筹和利用这些数据资源为人民服务，是我们正在努力研究的目标。

润泽科技本着“军民协同、创新融合、合作共赢”的建设思路，与天空地海领域具有绝对优势的国家专业队和极具创新活力的社会专家和技术队紧密合作，通过天空地海实验室与国家地理空间信息中心合作，规划实施国家空天信息区块链环网工程，联合创建国家级空天信息工程研究机构，以天空地海实验室为基础，联合中科院空天信息研究院、国家地理空间信息中心、国家超级计算天津中心等单位，共同建设空天信息国家地方联合工程研究中心，开展多源数据融合分析，时空数据信息的存储、挖掘、分析、应用等技术攻关和工程应用，促进创新链和产业链的交叉结合。共同设立国家空天信息产业发展基金；打造国家级空天信息一体化数字应用服务平台。推动天空地海大数据在教育改革、工业互联网、智慧农业、生态环保、智能制造、海洋经济、通用航空等社会各领域的广泛深入应用。届时润泽科技和合作伙伴一道，在京津冀数字航母上，完美诠释我国数字技术应用的高水平服务能力。

创建工惠驿家数字技术平台为卡车司机服务

今天在中国共产党和人民政府的领导下，在全国总工会的领导的关怀支持下，润泽科技用“数字经济服务 + 卡车司机”服务模式，用真情打开了卡车司机职工普惠服务的神圣公益之门，形成集社会公益性、普惠性、人文关怀的影响力投资模式。

工惠驿家是润泽科技另辟蹊径，探索实践数字经济对卡车司机领域里的应用服务。2016 年 12 月在全总网络工作部的直接领导下，历经一年多的调研和实践，深耕智慧数字技术服务卡车司机职工领域，建立了服务平台，坚持一个中心：以卡车司机职工为中心，为卡车司机职工提供全生命周期服务。四个结合：政府与市场相结合、组织与网络相结合、感知与公共信息相结合、线上线下相结合的服务模式。当卡车司机职工在工作、生活中遇到困难和问题时，工惠驿家的路空一体工惠驿站能及时为他们提供帮助。

工惠驿家把公益性、普惠性放在首位，坚持以卡车司机职工为中心，免费服务与增值服务相结合的项目建设和运营理念。工惠驿家不向货运司机收取任何费用，还帮助代理卡车司机职工群体获得团体对价优惠。司机在运输途中遇到法务问题、车辆救援、再教育培训等需要帮助的时候，当事卡车司机职工及时通知工惠驿家服务平台，距离最近的工会社会工作志愿者和卡车司机志愿者以及社会化志愿者，都会以最快的时间，去帮助有困难的卡车司机职工的。当志愿者对卡车司机职工提供帮助时，根据提供帮助的具体内容，智能化监控平台会自动及时对志愿者驿卡积分，形成多劳多得的劳动积分机制。年底根据大数据分析，各级工会组织将分别评出优秀社会工作志愿者、县级先进工作者或劳动模范、市级先进工作者或劳动模范、省级先进工作者或劳动模范、直至最高荣誉，逐步形成一个我为人人、人人为我的良好社会风尚。

卡车司机加入工会成为会员后，不仅可以通过工惠驿家的帮助获得实实在在的优惠，同时通过卡车司机职工的努力，获得工会组织授予的共产党员先锋号、共青团员先锋号、复员军人先锋号、劳动模范号等荣誉，卡车司机职工加入工会就是找到了自己的组织，就是工人先锋队的一员。

借助“大、智、物、移、云”等数字新技术，实时、动态、可视化了解“人、车、路、货、家”的状况，并进行数据的收集、存储、挖掘、脱敏、脱密、分析，及时为卡车司机提供大数据应用服务。

为各级工会联络、动员、组织货运司机职工群体，提供有力的数字智慧化服务，为智慧物流行业营造出良好的工作秩序。工惠驿家是一个集社会性、公益性、普惠性一体的为卡车司机服务体系，得到了全国总工会的充分肯定，并于 2018 年 1 月 24 日下发了《关于开展

“工惠驿家”普惠服务示范性项目试点的函》，成为了全国总工会的普惠性示范项目，工惠驿家在全国各地示范、试点工作，得到了试点省、市政府大力支持，推进顺利，特别是衡阳市、兰州市，两个城市的市委市政府对这一项民生工程高度重视和支持。

继续完善数字产业技术基础的自然禀赋

国家京津冀一体化协同发展战略，是成就润泽国际信息港的天时自然禀赋，廊坊在京津冀独一无二的地理位置，是润泽科技 2009 年超前规划建设的 66 万平方米机房的地利自然禀赋，润泽科技已成功地筑起了京津冀数据产业发展的数字智慧之城，形成了数字航母产业集聚的人和自然禀赋。润泽科技厚积薄发形成的自然禀赋优势，使润泽科技有机会来完美诠释，京津冀的数字智慧服务能力。

润泽科技以银河舰队为载体，打造京津冀大数据创新应用中心、大数据感知体验中心、大数据双创中心等三个中心，该项目是京津冀大数据综合试验区重点项目，通过三个中心初步形成可以筑巢引凤的数字航母编队，积极引进国内外领先的人才、技术和企业，培育创新型数字经济产业业态，有效地整合发展数字经济的先进成熟技术及创新应用产业资源，打造京津冀地区大数据产业生态链。随着工惠驿家项目的实施，AR 眼镜的量产，我国首家教育区块链试验区启动了，并且参股了国内具有自主知识产权的某正向设计 FPGA 及智能 SOC 的芯片研发企业，合作形成了空天信息区块链环网工程等系列项目，银河舰队这艘数字航母已成为京津冀地区促进数字经济产业健康、绿色、良性发展的强劲引擎。

伴随着九年探索实践，5G 和全球物联网的脚步声越来越清晰，润泽科技将与合作伙伴一道乘着数字经济时代的实践之航母，从廊坊腾飞，飞向全球！飞向未来！

卡车司机遇上大数据的新生活

中工服工惠驿家信息服务有限公司总裁　陈伟

卡车司机这个群体，在中国国民经济和社会发展中的地位不可或缺，他们用自己的辛勤劳动为社会做出了突出贡献。2016 年，数据显示全国公路运输行业创造的价值占全国 GDP12.6%，达到 9.38 万亿元。卡车司机的数量达到 1892.2 万名，占全国货运从业人员的 90.4%。

但同时，卡车司机们的工作的环境异常艰苦。我们通过系统调查发现了卡车司机群体的五大痛点：第一，缺少组织关爱和归属感；第二，高强度、高风险、高疲劳的工作状态；第三，油价高、空驾驶率高、高贷款成本带来的高成本和低利润；第四，缺乏必要的劳动保护和社会保障；第五，缺少法律援助和社会帮扶。

我们在对卡车司机进行调查时，发现有一点值得注意，那就是卡车司机的信息化程度非常高，几乎是百分之百地使用智能手机和互联网。在这样的背景下，工惠驿家项目应运而生，已经被纳入中华全国总工会重点工作。

工惠驿家为卡车司机带来崭新的生产方式

到底什么是工惠驿家？简单地讲就是“互联网 + 大数据 + 卡车司机 = 工惠驿家”，这个项目为解决卡车司机群体的痛点和刚需提供了完整的解决方案，将给卡车司机群体带来崭新的生产生活方式。

众所周知，中国公路物流行业已是一片红海，竞争非常激烈。工惠驿家为什么能在如此竞争激烈的行业中立足？那是因为经过调研，工惠驿家确立了“一个中心、四个结合”的项目建设和运营理念。

所谓一个中心，就是围绕货运司机这样一个群体，以人为中心进行组织和链接。四个结合就是，具有强力社会组织动员能力的工会和强大的互联网有机结合；政府对项目的支持与市场机制有机结合；线上信息服务和线下实体服务有机结合；另外还有普惠服务和特色服务有机结合。

创新性的“人、会、车、货、路”五位一体总体构架

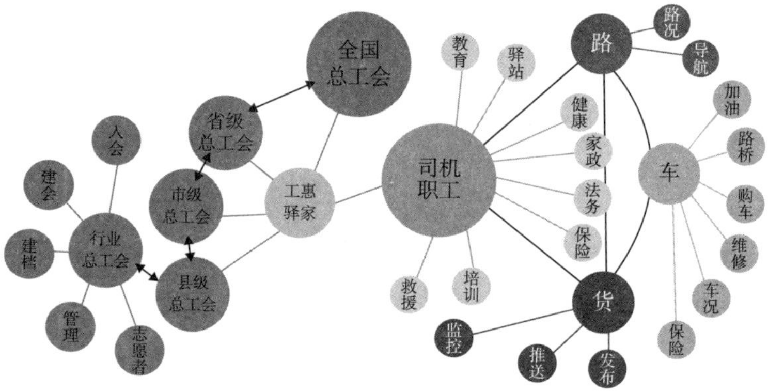

我们还梳理出了“人、会、车、货、路”五位一体的总体架构。工惠驿家在各级工会组织领导下，由货车司机加入工会成为会员提供支撑，围绕卡车司机，工惠驿家提供车、路、货一体信息，以及线下服务。

“811”业务模式直接返利卡车司机

工惠驿家是一个普惠性、公益性的示范项目，它的业务模式简称

为“811”模式，即：工惠驿家通过加油、ETC、保险、车辆购置、维修等方面从供给端获得优惠，其中80%返给货车司机本人；还拿出10%来建设救助机制；最后10%的利润，工惠驿家和战略合作伙伴共同进行分配，作为日常经营运转的费用。

工惠驿家这个项目绝不从货车司机身上挣一分钱！工惠驿家不仅把收益的80%返还给货车司机，还将拿出10%来建设救助机制。为了使救援机制切实有效，工惠驿家提出了再次保险，这样就使得赔付能够确实得到保障。

剩余10%的利润，工惠驿家的合作伙伴拿七成，而工惠驿家自己只拿三成。也就是说假如挣到一块钱，工惠驿家项目获得的利润是三分，合作伙伴是七分，一角做救助机制，而八角钱是返还给司机的。

经过测算，从路桥费、加油费、保险费、车辆的维修费，以及租赁等费用加一起，工惠驿家项目每年可为每辆卡车节省5万元左右。如果按照高速路上行驶的每辆货车平均配备2.5人来算，也就是说平均每人每年可以节省2万元。

大数据的运作和服务就是工惠驿家最重要的商业模式。我认为，大数据企业要有三条标准，分别是有数据、有数据的处理能力、有数据驱动的业务。

首先是有数据，工惠驿家通过APP、大卡宝车载终端和驿卡（实际上是一个支付手段），形成对人、车、货、路四位一体的数据采集。数据采集的内容，包括司机的生命体征、驾驶行为习惯、行驶路线、路面情况等。获得司机的生命体征，就可以提醒司机不要疲劳驾驶，减少事故发生率，降低生命和财产损失；保险公司采集到司机的驾驶行为习惯后，对于驾驶行为习惯好的司机，保险甚至可以优惠打折；而路面状况数据对于高速公路养护来讲非常具有价值。

第二，关于数据处理能力。工惠驿家是在全国最大规模的数据中心产业园润泽国际信息港基础上进行的，具有强大的大数据存储能力，也具有高水平的数据处理能力，足以挖掘出数据背后的价值。

第三，数据驱动的业务最为重要。当货运司机感受到了工惠驿家服务的价值，获得了成本的节约，要继续获得这样的服务，就需要回到原籍加入工会组织，以会员的身份获得更好的服务，这就是工惠驿家的业务。

工惠驿家多点、多面快速推进

目前，工惠驿家项目也取得了不少进展。工惠驿家通过和中国联通合作，签订了为货车司机量身定制的通信解决方案，解决大卡保的通信问题，包括了手机、APP 流量以及语音通信等方面的问题。根据调研，跨省流动的每个司机每月通信费平均是 200 块钱，而省内流动的每位司机每月通信费平均是 100 块钱，而工惠驿家通过和联通合作，就可以给卡车司机提供优惠的个性化通信解决方案。

另外，工惠驿家还收购了一张石油批发牌照，目前跟中石油谈妥的石油价格是打九折，跟中化集团商议的价格能够达到 8.4 折，如果每辆车每天平均加油需要 2000 块钱，以九折来算，工惠驿家仅从石油方面，至少可以获得 200 元的差价，用“811”的原则来分账，每辆车每天可以节省 160 元。

除此之外，工惠驿家还收购了一张保险代理牌照，一般卡车司机在市场上能够拿到的保险优惠是八五折，最多七五折，而我们自己保险代理公司的优惠力度可以达到五折。按照一辆车一年的保费 2 万元来计算，从七五折到五折，有 25% 的优惠空间，也就是节省了 5000 元，按“811”分账原则，将有 4000 元被返回给货车司机，可以说是非常有吸引力的。

工惠驿家跟广州高速公路管理部门签订了 ETC 优惠协议，可以拿到8.8折的优惠，而卡车司机自己去办理ETC只能拿到9.5折，7%的优惠力度也是相当可观的。

为了还清卡车贷款，卡车的运营策略是人歇车不歇，所以平均一辆车配备2.5个司机。一辆车昼夜不息地运输，3年达到了报废条件，这样全国平均每年需要更换400万辆卡车。这意味着卡车制造的市场也非常具有前景，工惠驿家也希望和一些汽车企业合作，把汽车尤其是大卡车作为支柱产业来发展。

目前，工惠驿家项目已经布局了7个省的试点，我们将再进一步推到了12个省。未来，工惠驿家将会给更多的卡车司机带来崭新的生活方式。

MindSphere
——基于云的开放式物联网操作系统

西门子工厂自动化工程有限公司上海第一分公司业务拓展经理　王晓举

西门子是一个多元化的公司，不仅是一个传统的电器化和自动化公司，也是欧洲第二、全球前十的一个软件公司。这些年一直在做数字化转型，一方面是为了向客户提供更好的产品、服务、解决方案，另一方面可以利用一些新技术、新平台、新手段，收集大量分布在生产现场的设备、系统的数据，让数据转化为信息，发挥更多的价值。开发 MindSphere 系统就是西门子数字化转型的一个重要体现。

MindSphere 是西门子推出的基于云的开放式物联网操作系统，2016 年 4 月，西门子在德国汉诺威工业博览会上正式发布 MindSphere。2017 年 6 月，MindSphere 在西门子亚太首个数字化体验中心首秀。

MindSphere 的定位是在未来打造成为一个类似 windows 或者是 Linux 这样的操作系统，帮助客户解决现场数据采集的问题，从而让客户更关注数据采集完成后的功能实现和价值发挥等方面。利用 MindSpere，通过绩效数字反馈到产品和生产过程中，从而让数据产生更多的价值，让生产更有效率，让设备和产品更贴合客户的实际需求，充分发挥设备的价值，给客户带来更多的产出。

MindSphere 严格意义上来说是一个 Pass（平台及服务）平台。目前比较常见的 Pass 平台主要有工业物联网平台与消费领域云平台，MindSphere 属于前者。两者一个根本的区别就是，消费领域云平台所有数据来源于互联网，来源于信息化系统内搜集到的在线数据，而工业互联网平台的所有数据则来源于生产现场，这些数据可能存在于生产设备、自动化系统，以及在线工厂或者企业内部的一些分散的信息系统里。

对于物联网操作系统来说，第一步要解决的是数据采集的问题，数据采集的解决方法就是采用不同的接口方式、标准或者非标准的协议，把分散在设备、现场系统或者 PLC 自动化设备中的数据都收集起来，从而挖掘以前容易被忽视的、海量的数据。通过简单快捷的方式把这些数据抓取到云平台上，在 wifi 上就可以灵活地利用这些数据，发挥价值。

同样在 MAC 平台上汇集了大量的算法、模型或者是 ui 分链等，可以帮助客户快速地构建出需要的应用。比如说要采集能源设备数据，实现能源管理的一些功能，采集了一台电机或者一台水泵运行状态信息或者是机械振动信号，工作人员就可以对这些设备实现预测性维护，或者是预防性的早期故障诊断，这些是可以利用慢速或者物联网达到的效果和功能。

Mindsphere 上下三层组件服务多方使用者

Mindsphere 其实可以简单地理解为三层：最底层是 MindConnect 组件，解决数据采集的问题，利用 MindConnect 组件，可以方便地把分布在现场不同的设备、系统、PC、标准或者非标准控制器里的数据灵活快捷地采集上来；对于中层的 MindSphere 主体来说，里面封装了大量的数据、分析算法、技术原理、行业知识等。封装的平台以及数据库数据，包括一些 UI 控件等全部都会封装在平台本身，不同的客户可以方便地利用平台的 API（Application Programming Interface，应用程序编程接口）、UI 控件在上层 MindApps 快速地叠加出来。当客户想要某个系统功能，或者想对某些数据进行处理和展现时，可以在顶层的 MindApps 上灵活地通过不同的 APP 来实现。

原始设备制造商生产的设备需要销售给全国甚至全球客户，也需要对这些设备进行后期维护。基于对数字的分析、支撑、运算，就可以知道设备的故障原因，甚至可以利用这些机械信号转化为电气信号，提前发现故障，从而对设备进行预维护，提前消除隐患，所以这对于客户的质保管理会起到良好的作用。另外一方面，这些设备的运行数据能够帮助原始设备制造商来改进他们的生产设计、工艺制造等。

对于终端客户来说，整个生产过程中有大量的数据，比如生产数据、质量数据、设备数据、能源数据等，这些数据都可以通过 MindSphere 平台进行统一管理，从而提高生产效率，降低生产过程中的能源消耗等。

对于合作伙伴或者是软件开发商来说，不再需要到现场帮客户采购硬件、软件、操作系统、数据库等，只需要在数据采集的基础上，在云端来实现软件的功能开发、升级、维护等，这将为软件公司带来全新的业务模式，在线上就可以完成软件的销售和维护。

MindSphere 为链接和数据采集问题提供多样解决方案

MindSphere 会成为面向连接设备应用的一个开放系统，所有的数据都来源于现场。以西门子的产品为例，比如 POC（PTT Over Cellular，无线一键通功能）产品、驱动产品、网络产品、过程控制产品，甚至是大量的采用标准协议或者非标准协议的第三方设备，都可以通过安全加密的方式把数据快捷地采集到 MindSphere 平台上。在 MindSphere 平台上会有大量且不同来源的 APP 来对数据进行加工、处理、分析以及展现，帮助客户充分利用数据，提高生产效率，提高对生产设备的维护能力，以及响应速度等。

为了解决数据连接问题，西门子提供了多种连接方式。比如说通过软件的方式，快捷地把分布在现场不同应用系统的数据采集到 MindSphere 平台上；通过 LT 的一些网关硬件，比如说是 MindSphere、LT2040 以及 MAC1500 等，快速抓取一些存量设备还有第三方设备的数据；另外，对于客户已经在使用的、采用非标准协议的第三方设备，MindSphere 可以提供 one take it like 类的代码，便于客户将自有控制器和系统里的数据直接上传到 MindSphere。

以 MindConnect 为例，整个数据的采集流程非常简单，只有两步：第一步连接，第二步组态。可以把它理解成一个工业的 IPC（Inter-Process Communication，进程间通信），通常只需要一根电源线，两根网线连接就可以正常工作，其中一根网线是连接现场的工业控制网络或者设备，而另外一根网线通过直接或者间接的方式连接到互联网，通过一些简单的配置，就可以完成数据上云的工作。

对于开发者来说，客户采集不同的数据上传到 MindSphere 后，要实现不同的应用，西门子提供大量的 API，可以利用标准的开发语言，比如 Java、JavaScript 以及其他的一些标准的高级语言，实现所需要的功能。对于设备的预测维护，就可以通过采集一些关键的机械信号、震动或者是电气参数，对设备的一些关键元器件进行预测性维护。

希望设备制造商、渠道合作伙伴、应用开发者、系统集成商、最终客户等共同地加入 MindSphere 生态圈，未来将 MindSphere 打造成为一个开放的生态系统。

欧盟数据隐私法案解读与应对策略探究

中科九度（北京）空间信息技术有限责任公司总裁　魏育成

“大数据杀熟”的案例频频出现，说明了一些大数据企业对用户数据的采集以及分析，在用户不知情的情况下开展应用，进行商业获利。当用户在使用手机 APP 时，往往需要一系列授权才能使用，这些授权意味着什么？手机里的通讯录、微信、短信、麦克风甚至摄像头都会被 APP 开发者调用，很可能会涉及很多个人隐私的泄露问题。

个人隐私数据可以分成三类：第一类是属性数据，就是个人的 DNA 数据，包括身份证、手机号码、家庭住址、生物特征（如虹膜、指纹、笔迹等）等可以标识用户个人身份的数据；第二类是用户的行为数据，包括用户浏览网页的历史点击情况、用户的位置信息等。比如一些地图 APP 为用户提供出行服务，同时它也可以 24 小时的监控个人的位置，之后就可以利用这些监测数据做出相关分析，比如哪里是办公室、哪里是家庭住址。除此之外，用户的网页浏览、线上购物等数据往往被平台厂商利用来做“用户画像”，可以说“用户画像”本身就是平台对个人隐私进行的一种窥探；第三类数据是关系数据，比如平台方通过海量的数据积累，经过分析都可以知道个人的家人、朋友、上下级等所谓的人与人之间的关联信息。

最近 Facebook 遇到了麻烦，泄露了将近 8700 万用户及其好友的个人数据给一家英国的政治分析公司，经媒体曝光后，引起用户大量不满，各大社交网站掀起删除 Facebook 的热潮，其市值一周之内蒸发了 750 亿美元。后续 Facebook 可能面临着 2 万亿美元的重罚，而 Facebook 目前的市值估计仅有 3000 多亿美元。还有一个案例是关于被遗忘权，一个西班牙人起诉了谷歌，原因是他在谷歌看到一则多年前他由于债务困难导致房屋被拍卖的信息，由于此事已经过去很多年，所以他要求谷歌删掉相关信息。但谷歌表示无能为力，后来这个西班牙人就起诉了谷歌，而法庭支持了他的要求。

欧盟的基本理念是用户在网站上产生的所有数据都应该有被遗忘权，法律支持用户要求网站将与其不相关、不合适、已过时信息删除。但是国内目前的情况并不是很理想，最近也有南京市民状告某搜索引擎平台公司侵犯其隐私，一审虽然胜诉了，但是后来二审被推翻了，法院认为该平台公司不对用户构成隐私侵犯。

用户在网络上产生的数据到底是谁的？其实不同的国家有不同的态度，美国表现的比较矛盾：一方面强调隐私保护，另一方面同时又鼓励数据应用；而欧盟则坚定支持隐私保护、赋予个人更大的权利；虽然中国已经出台了隐私保护法，但是具体规定还不明确。

欧盟的数据保护现状

欧盟 2016 年颁布了《通用数据保护条例》，于 2018 年 5 月 25 号开始实施，堪称是史上最严格的数据隐私保护法案。法案中提到了监管机构、用户、数据控制者、数据处理者、服务提供者等角色。这实际上是一种新型的互联网计算模型——在用户与互联网平台这两方之间增加了数据控制者和数据处理者，来承担起用户隐私保护这个责任。整个架构顶层设置国家级监管机构，授权数据控制者必须对数据主体（用户）提供支持和保障，数据处理者则按照用户的要求对其在互联网平台上产生的数据进行加解密操作。所有的用户数据在互联网平台上都是加密的，平台不能存储用户的明文数据，平台与用户之间的互动需要由第三方（数据操作者）进行加解密操作才能完成，用户、平台以及第三方的所有操作受数据控制者监管和记录，在这种情况下，互联网平台方才真正是运动员而不是裁判员，也不会出现所谓“店大欺客”的现象。

《通用数据保护条例》把一些对数据操作的基本权利赋予了个人，比如上文所提到的被遗忘权；二是可移动权，用户可以把个人隐私数据从一个平台移动到另一个平台，原来的平台不能保留任何数据。除了被遗忘权和可移动权，还有数据访问权、修正权等，这些都以立法的方式对用户及其在互联网平台上的行为进行切实的保护。平台方和第三方负责在技术上实现用户权益，如果违反就会受到处罚。这就是欧盟的理念——法律先行，先从法律上明确用户权利再利用技术手段实现用户权利。

对于互联网平台服务方而言，法律要求其做平台设计的时候就要考虑保护用户隐私，保护隐私是默认选项，平台必须采集最小的数据来为用户提供服务。这意味着很多 APP 应该本着“最少够用就行”原则，尽量不采集额外数据，这样 APP 在安装时就不能要求用户授权采集通讯录、位置等无关信息。

《通用数据保护条例》要求互联网公司设置专门的数据保护官，要求监管机构负责体系监督和执行，同时提醒用户提高自我保护意识等。该法案的惩罚力度很大，从 5 月 25 日开始，一旦查到互联网平台企业（如电子商务公司）对用户隐私数据的保护不符合《通用数据保护条例》要求，只要涉及欧盟公民，轻则罚款 1000 万欧元或者是年销售额的 2%、重则罚款 2000 万欧元或者是年销售额的 4%。因此中国准备通过“一带一路”走出去的互联网企业，面临欧盟对个人隐私保护的法律规定，要高度重视。数字经济企业走出去，要知道国外非常看重知识产权和数据隐私的保护，这也代表着社会发展的趋势，中国数字经济企业也必须考虑这个问题。

还有就是“长臂”管辖原则，即无论违规的企业是否在欧盟境内都要加以处罚。估计 2018 下半年国内会有很多电子商务公司收到欧盟的罚单，可能一笔就是 1000 万或者 2000 万欧元的罚款。

《通用数据保护条例》核心要点有 11 章 99 条，对电子商务企业使用用户数据施加更多的约束，总体阐述了一个最基本的问题——平台使用的用户数据所有权到底属于谁？《通用数据保护条例》明确规定：用户数据属于用户个人，不属于平台，用户不同意，平台就不可以采集、挖掘数据，更不用说其他商业行为。通过立法的方式赋予用户更多的权利，保证用户对其在平台上产生的数据有绝对的控制权，电子商务平台公司一旦违规就重罚。这就是欧洲法律的“长臂”管辖原则，全球范围适用。

应对策略

对于中国企业来说目前有几条对策：一是先停止相关区域的服务；二是继续进行正常服务，等待相关处理；三是主动配合，积极应对。

我认为对于经营者来说，合规是必选项，要吃透欧盟对于个人隐私数据保护的要求，建设相应的机制，建立欧盟认可的控制机构，采用欧盟认可的数字经济计算模型和服务模式，为中国企业走出去保驾护航，这才是正确的应对策略。

中科院电子所信息技术创新工程中心与法国的 TRUSTSEED 公司共同设计了一种三元安全体系计算模式，以适应欧盟《通用数据保护条例》的最新要求。这个模式已经在欧盟地区得到了一些应用，比如欧洲 SAP 公司、巴黎银行等。

中国虽然有《网络安全法》，但该法律对个人隐私保护的内容比较少，政府应该加大制定相应法律法规的力度，不断提出更加细致的规章制度。同时在通用数据保护上，数字经济产业界要重视起来，学术界在这方面也应该开展相关的研究以适应新时代的要求。

AI时代的智能医学

经纶世纪医疗网络技术（北京）有限公司创始人、CEO　余　中

关于人工智能如何运用在医疗领域，我认为有三个方面：第一个是人工智能与传统行业的结合；第二个是智能医学，如何定义从“4P医学”到“PCIC”；第三是全科医生助手机器人以及意义。

人工智能与传统行业的结合

人工智能在医疗领域的应用，核心点就是技术和应用场景必须深度融合，建立数据和服务的闭环。当然，形成闭环是一个必要条件，在必要条件实现的过程中，一个公司做到独立形成闭环是比较困难的，因而科技公司与医学深度融合、通过协同合作的方式做出闭环是非常重要的。

数据采集与治理、核心算法和应用场景是人工智能最核心的三个方面。在此基础上，才能实现真正意义上的商业化落地。有商业化落地，才能真正实现跟传统行业、实体经济的有机结合。

人工智能与传统行业结合的关键点，是从赋能到重构这样一个过程。如何来进行赋能？赋能过程中如何寻找机会进行重构？流程大致就是从技术到应用场景赋能，构建服务流程，开展应用，同时不断对服务流程进行迭代优化，形成“赋能－优化”的循环，最终达到技术支撑的最优化的服务流程重构，这是人工智能与传统行业结合的关

键。如果我们不能把人工智能技术跟传统医疗行业进行深度融合，做出来的成果可能仅仅是比较表面的，并不能不断深入赋能直至最优化重构。

人工智能与医疗结合涉及很多层面，但是每一层面的赋能都需要与该层面本身的一些特质有机结合，与医疗结合的要点就必须要考虑承载能力从而有序地推进。同时还必须要做相应的普及教育，建立用户的习惯培养，并进行充分的效果评估。如果这些方面在技术开发的过程中没有考虑到，最后的结果可能就不能落地，不能真正地赋能。

因此，从技术的层面上讲，赋能一个传统的实体经济不仅仅是技术问题，还涉及很多方面，每个要被赋能的行业里都有特殊规律，这些特殊规律到底是什么？一定要深入了解总结，总结后才能研究如何进行结合。

智能医学：从“4P 医学”到“PCIC”

“智能医学”“4P 医学”涉及医疗专业的范畴。所谓“4P 医学”就是从预测性（Predictive）、个性化（Personalized）、预防性（Preventive）和参与性（Participatory）四个方面来定义医学方法论。

从经验医学到循证医学，再到今天讨论的新医学，都是医学的方法论。新医学又可以分为两步，即从“4P 医学”到“PCIC”。所谓“PCIC”就是 People-Centered Integrated Care 的首字母简称，翻译成中文就是“以人为本一体化卫生服务模式”。这些理论基础驱动今天医改中的很多新政策，比如分级诊疗、双向转诊、家庭医生签约、远程医疗、互联网 + 医疗等，归根到底都是从以人为本的本体思想最后一步步的延伸发展。

2016 年，世界银行、世界卫生组织联合中国国家卫计委、财政部、人社部联合发起了“PCIC 计划”，这个项目为怎样把人工智能还有大数据、机器学习相结合以及依托互联网建立全新的医学服务模式，提供了目标和方向。

PCIC 是由分级诊疗和健康管理双轮驱动的，一方面是以疾病为导向，另一方面是以健康为导向。而智能医学可以从智能和医学两个部分来进行定义。智能包括大数据、人工智能、互联网，这是从连接与认知进行定义。而医学则涉及疾病诊疗、管理和公共卫生三个方面。把人工智能技术体系中的专家系统和机器学习有机地结合起来，也就是通过数据和规则的有机结合，应用到医学服务，并且以 4P 医学作为方法论基础，才能形成真正意义的智能医学，助力 PCIC 服务模式的实现。

全科医生机器人

今天重点分析的案例是全科医生机器人。全科医生机器人可以作为基层医生的助手，未来有可能进入每个家庭成为家庭医生。

现今中国医疗面临的核心问题是缺乏有序就医，缺乏合理控费。这两个问题有可能通过同一个办法解决，就是提升基层医疗服务的能力，建立合格的全科医生、家庭医生服务体系。建立这样一个医疗体系，前提是需要解决我国 93 万个基层诊所的基层医生水平参差不齐的问题。

怎样为 93 万个基层诊所赋能？过去提出过基层医生培训的方式，还有大医院医生下基层轮训、轮岗的方式，最后效果都不太理想。所以现在我们希望用第三种方式，就是利用人工智能赋能基层医生，提高医疗服务的能力与效率，帮助基层医生成为合格的全科医生、家庭医生。

我们开发了一款为基层医生配置的全科医生机器人，是一个具有人工智能能力的桌面机器人，目的是帮助基层医生从基本医疗、公共卫生、远程医疗等方面完成所需要做的工作，提升基层医生的服务能力。这里牵扯到一些边界问题，比如人工智能应该做什么？人类应该做什么？人类和人工智能之间的边界在哪里？这就需要我们从全科医生、全科医疗服务的角度上对这些问题进行思考、设立努力的目标、明确发力点并研究如何发力。从医学、法律、伦理、人文的不同层次来分析人工智能如何协同服务人类，才能真正推动全科医生机器人这类人工智能技术助力医改政策的有效实施。

最终的评判标准还是部署全科医生机器人能否产生期望的实际效果，使基层医生的水平得到大大提升。因此我们在安徽省开展了全科医生机器人试点工程，在由“县医院、乡镇卫生院、村卫生室”建立的医联体、医共体架构下进行试点。

我们的试点工程，为基层医生配置全科医生机器人，展示如何以人工智能的方法帮助医生进行患者疾病诊断治疗。全科医生机器人按照符合基层医疗要求的医学临床路径和 SOP 诊疗流程来设计，理论上它具有足够的常见疾病诊疗知识。同时，全科医生机器人还能辅助基层医生提供慢病管理、公共卫生、远程医疗服务。但是，医学服务非常复杂，一个好的医生不能仅凭 SOP 诊疗流程为患者看病，还要善于观察，结合对患者的直觉认知，最后给出判断与处理方案。因此全科医生机器人在实际工作场景中，能否有效辅助基层医生，只有通过试点才能得出真正的结论。

经过近 8 个月的试点工作，根据基层医生使用全科医生机器人开展日常工作的反馈意见，我们对全科医生机器人的功能进行了 8 次升级迭代，使得全科医生机器人在辅助基层医生日常工作方面不断完善，得到许多政府主管领导、基层医生、患者的好评。近期，帮助中国新医改的世界银行和世界卫生组织的专家代表团，专程去考察了我们在安徽的试点工作，给予了高度评价，认为全科医生机器人是“以人为本一体化卫生服务模式”的优秀案例，作为中国的智慧、中国案例值得在全球推广。

我们正在全力推广全科医生机器人人应用，希望在 5 年、8 年的时间内，每一个家庭都会有一个全科医生机器人。这个机器人用什么形式出现并不重要，重要的是它可以胜任一个家庭医生的职责，为家庭的每一位成员提供随时的疾病诊疗、慢病管理、健康管理、老人关怀等服务。在个人需要的时候与个人的签约医生、专家实时连接，提供咨询，并能主动对个人健康进行监测、评估、预警、提醒和指导，成为家庭健康卫士。这一天的到来，有限的医疗资源将通过人工智能技术得到有效放大，一个全新的智能医学服务体系将最大限度地满足人民群众的医疗健康服务需要。

布局5G引领未来

中国电信北京公司副总经理　项煌妹

中国的电信业发展是这样的一个过程：1G年代、2G年代中国是落后于世界的；3G年代，中国提出的口号叫跟随3G；4G年代中国研究出了TDCDMA的自有知识产权标准，可以说4G跟国际达到了一定的同步；而5G作为国家战略中国提出了要引领，上升成为国家战略。电信、移动和联通三家运营商，还有华为中心在国际上的第三代合作伙伴计划中做了大量关于5G的工作，这也使得中国在5G领域的很多方面处在世界领先的地位。

5G最核心的特点是什么吗？我认为最核心的特点有三个，第一个就是超带宽技术。超带宽技术是一种新型的无线通信技术，具有对信道衰落不敏感、发射信号功率谱密度低、低截获能力、系统复杂度低、能提供数厘米的定位精度等优点。比如富士康在工业模具上面已经开始做16K数据的回传，也就是说工厂里要对模具比如一个刀片快慢这样的高清影像数据进行回传，这就需要超带宽技术的支持，因为普通家庭的百兆宽带仅能支撑4K数据回传。

第二个特点，海量链接。在万物互联时代，所有的人、流程、数据和事物结合一起使得网络连接变得更有价值。比如在4G场景下的窄带物联网（Narrow Band Internet of Things，NB-IoT），支持低功耗设备在广域网的蜂窝数据连接，支持待机时间长、对网络连接要求较高设备的高效连接，具有覆盖广、连接多、速率快、成本低、功耗低、架构优等特点。中国电信的窄带物联网基于 800M 的频率，之所以选择 800M，是因为它的频段比较低，频段越低意味着覆盖面越广，同时对于实体的穿透性要比其他的频率更好。

窄带物联网覆盖广的特点也使得北京电信跟 ofo 得以合作，在一个基站下，比如清华大学这样一个小范围内，可以上传成千上万辆 ofo 自行车的数据，包括停放在地下车库角落等地点信号较弱的 ofo 自行车，中国电信的窄带物联网都可以探测、联系到。

窄带物联网应用之前，北京电信曾经和北京某出租车公司合作，通过 3G 给该公司 5 万辆出租车进行联网。但作为电信运营商，北京电信最困扰的事情就是中午出租车司机聚集起来去吃饭，或者是出租车的运营公司召集会议，这样所有的出租车就会聚集在一起，那附近的基站就可能被冲塌，因为容量不够，无法承载过多的连接。但在 NB–IOT 的背景下，基站上所容纳的链接数可以认为是没有上限的。

另外，NB–IOT 可以带来更长的续航，因为它的流量很小，功耗非常低，可以让设备能跟芯片还有模具同生命周期。比如，中国电信正在和北京燃气合作，利用 NB–IOT 把北京燃气的监测仪器连接起来，把电池的寿命设计到 10 年，使得电池和仪器处于同样的生命周期，这样就不需要耗费大量的时间和人力再去更换电池了。

第三，低时延。5G 的时延在标准上比 4G 要少 1/20，这也是使得 5G 场景下的无人驾驶能够变成现实。在 4G 场景下，自动驾驶的车辆需要的时延是 20 毫秒，很难做到 100% 的及时刹车。而在 5G 场景下能达到 1/20 毫秒时延，就能够快速地做出刹车反应。

为了实现 5G 引领的国家战略，三大运营商都快速地做出了相关部署。例如现在雄安、兰州、成都、深圳、苏州、上海还有北京的亦庄、长安街地区已经进行了 5G 试点工作。中国电信不久之前成为了园博会的全球合作伙伴，要打造园博园内所有的 5G 应用场景，包括无人驾驶等。

云网融合

中国电信不仅有连接，还致力于打造云平台。中国电信的云是云网融合，其中有三个核心的理念：网随云动、入云便捷、云间畅达。就是通过云网融合，为广大客户营造一个安全可靠、云网一体、快速便捷的服务环境，承载大数据、物联网、人工智能等各类创新应用，帮助企业客户创造更大的价值。

比如中国电信刚刚发布的云网通产品，拥有五大核心功能——云计算、云上网、云专线、云组网及云安全。通过云网通一站式电商平台，实现云网一体化产品的自助开通、分钟级调整以及可视化的售后服务，以适应用户的多重核心应用场景。

云网通旨在协助大中型政企客户将云网集中化管理的需求成为现实。对于园区楼宇，基于云网通的基础产品能力及定制化的 ICT 服务，帮助园区楼宇管理者实现智慧运营、智能管理；对于园区楼宇入驻企业，云网资源的即开即用、按需随选则打造了企业信息化的“拎包入住”体验。

总结而言，云网通产品具备灵活、高速、安全、经济四大特性。

在灵活方面，云网通产品支持客户在线订购云网一体化产品、自助开通云网资源、分钟级的资源调整，同时支持在线自定义组网，为敏捷构建企事业专网、灵活调整 IT 资源提供强有力保障。

在高速连接方面，云网通产品基于 IPRAN 轻载网络，支持互联网、专线接入云端，传输速度最高可达 1000Mbps，满足客户本地域云端大数据量交互需求，为数据备份、大数据应用、IT 扩展提供稳定的网络支持。

在安全层面，云网通提供云安全产品，为企事业客户提供信息化必需的基础安全防护、虚拟防火墙、入侵防御及 URL 过滤等功能，确保客户的系统安全、网络安全。

在经济层面，云网通产品真正实现按需开通、按量计费，企事业单位不用猜测网络流量、不用再过早提前部署，而是根据实际需求随时调配。与此同时，为企事业客户设置专属的云网融合资费，最高可降低企业 IT/CT 支出的 40%。

未来，北京电信励志通过网络智能化、业务生态化、运营智慧化的“三化”转型，让世界能够触手可及，让企业还有老百姓能够更加便利地享受信息服务。

应用驱动融绘数字未来

新华三集团联席总裁、中国区常务副总裁　韩志刚

讲到数字经济、数字转型，下面有一组数据可以用来描绘数字未来的一些标准。

第一，高效政府。2020 年随着人工智能技术成熟及在中国政府行业的加深，超过 15% 的政务初级工作将被替代，人员将释放到更复杂、更特殊的工作内容上。

第二，关于智能制造。到 2020 年，大概 50% 的中国 2000 强制造企业，将会依靠数字化平台增加它们对生态系统和体验的投资。

第三，金融。2019 年底，中国 20% 的中小型银行将具备基于云计算的合规性分析平台和数据解决方案。

第四，智慧医疗。2021 年，将有 25% 的医院会部署机器人，用来承担耗时性工作，并充当医疗助手一职，复杂手术机器人也将陆续出现。

百城数字经济指标

2018 年 3 月，新华三集团在成都发布了关于城市数字经济指标白皮书。从整个城市经济的分析来看，呈现出“三中心、五热点”。“三中心”主要是长三角、珠三角、环渤海，这也说明了城市的协同效果非常明显。“五热点”是四川盆地、华中平原、岭东

南、关中平原、山东半岛，这些热点都是由中心城市带动局部城市的数据高点。

通过对 100 个城市的数据进行分类得到了一张表，这张表把 100 个城市分成了 5 类。第一类称为领先型城市，主要数字化转型、数字化建设全面领跑，各方面发展非常均衡；第二类城市称为追赶型，在一些重点领域有突破，而且有希望追赶上第一类；第三类城市比较多，被称为清晰类城市，数字化转型初见成效，也呈现了快速发展的势头；第四类称为觉醒类，从意识上慢慢开始觉醒，但各方面才开始起步；第五类是观望型，这些城市基础设施比较薄弱，目前仍处于观望和探索期。

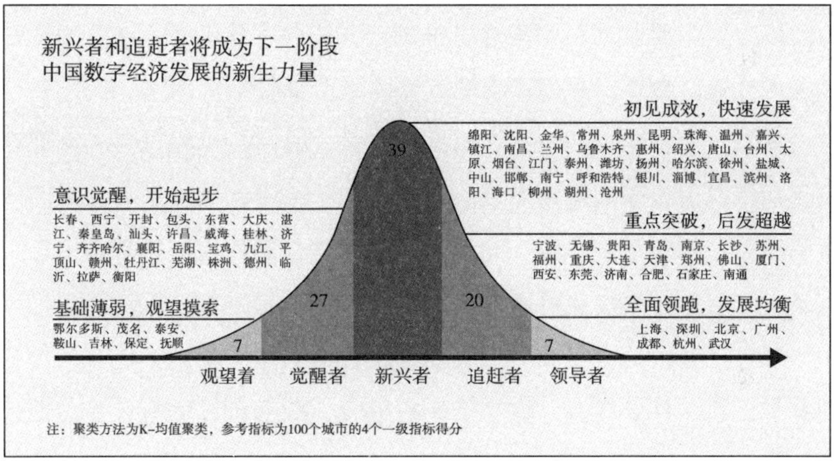

百城平均得分 57.6，这一数字显示了当前中国城市数字经济发展总体水平不高。10 强中既有传统的北上广深一线城市，也有已经崛起的新一线城市，成都、杭州、武汉、宁波，还有无锡、贵阳这样的二线城市，在一定程度上也体现出城市数字经济发展的多样性与可塑性。

“8 个 1”数字化解决方案

数字化转型是为了能在数字化时代实现更好的生存和发展，是必须经历的历程。2017 年，67% 的全球 TOP1000 企业都将以数字化转型作为公司的战略核心。

数字化转型到底如何做？新华三根据多年业内经验提出了数字化转型解决方案需要具备“8 个 1”：一个前提是洞察能力、一个基础是连接、一个平台是云、一种要素是数据、一种工具是人工智能、一份安心是安全可靠、一群伙伴是生态，最后保证必须有专业的服务。

第一，出众的行业洞察力非常重要。新华三集团因为拥有 33 年的行业信息化建设经验，了解百行百业的核心需求，具有敏锐的洞察力所以以“应用驱动”的理念，推进行业的数字化转型。迄今为止在政务、交通、教育、医疗和互联网等领域至少服务了 32 亿人次。

第二，完备连接的能力。数据要交换、共享，尽管现在大家都在使用网络，但未来的网络发展趋势更趋向于智能网络。新华三集团一直坚持做应用驱动型网络，这种网络是架构在软件控制的基础上，引入了人工智能，这样使得网络连接更经济、更便捷、更低成本。

第三，强大的全栈式平台云。云是存储数据的基础，现在各行各业都有云，包括公有云、城市云、行业云、政务云、私有云等。但云不仅是硬件，更多的是软件，包括 IaaS，更多应用的是 SaaS，所以云的构建非常关键。

第四，高效的数据引擎。现在的云如果没有大数据分析能力，整个数字化进程都要受影响。原来基于大数据平台做的是 9 种引擎，包括共享交换引擎、人工智能引擎、应用开发引擎、数据视觉引擎、数据采集引擎、存储计算引擎、行业建模引擎、商务智能引擎以及数据服务运营引擎。在这 9 种引擎的基础上，用数据集建模的方式，根据行业特征做出了 5 种行业的数据引擎，包括政务、公安、教育、工业和医疗等类别。今后将会出现更多的数据引擎，这些数据引擎将与行业结合，提供各种各样的服务。

第五，领先的主动安全能力。数据集中后，数据安全也越来越重要。过去业内也在做安全防护，但更多的是被动去做安全防护。但现在的安全防护观念发生了改变，除了被动安全的方式，目前更多的是在解决主动安全防护问题。新华三通过推出安全态势感知中心、安全 SaaS 云以及 5 大安全引擎（包括人工智能引擎、安全态势分析引擎、云沙箱监测引擎、Web 安全监测引擎、云化运维监控引擎）来提供的全方位安全防护，保障数据安全。

第六，完善的 AI 构建能力。人工智能的发展将大规模影响各行各业，特别对于数字化转型，因而要构建完整的 AI 基础设施平台，支持主流的开发框架，打造坚实 AI 基础。

第七，全面的数字生态汇聚能力。做好数字化转型，做好各行各业的服务。要把数字生态链引入客户平台，帮助客户实现数字化创新。比如新华三参与合作的中国最大的移动支付清算平台，有 300 家商业银行、115 家第三方支付机构，单个数据中心处理能力达到了每秒 18 万笔交易，一天的支付清算量达到了 1500 多亿。

第八，全生命周期的专业服务。从最初的数字化转型咨询，到数字化解决方案的场景化架构设计，再到解决方案的专业化交付，以及最后的一体化大运维，新华三均能完整覆盖，为用户提供全面、可靠的保障。

用新型智慧平台推动数字时代城市治理创新

北京思源政通科技集团有限公司董事长　张　亮

在数据时代，城市治理和管理方面仍然存在三个主要问题：一是政府“为民服务”导向不足，更多的是制度化管理，而非提供“服务”。二是在城市信息化建设分散，处处存在信息孤岛问题。一个个纵向的垂直领域没有互联互通，不能共享城市数据资源。三是从老百姓的角度看，去政府部门办事，体验到的城市服务获得感不强，甚至感受不到城市信息化建设带来的便利。

那么问题的根源在哪里？并不是政府没有为民服务的观念和意识，政府其实做了很多举措：中央“放管服”改革、政务信息资源共享交换平台建设、国家“互联网 + 政务服务”建设……问题的根源在于我们缺少服务于 B 端组织（政府 / 城市 / 企业…）的能力和手段。因此，还做不到“让百姓找政府办事像网购一样方便”。

创新智慧城市组织管理平台

思源政通基于对社会、组织与人之间相互关系的抽象，构建了具有自主知识产权的智慧组织管理平台——“通（toon）”平台，是依托移动互联网技术建设自主可控的生态体系，基于对社会、人性的理解与抽象，构建面向 B 端组织（政府、学校、公司、机构、行业主管部门等）的智慧化管理平台。

这种多组织、多关系的抽象是如何实现的？第一是对人性、社会、智慧组织、社会相互关系进行抽象。第二是基于多账号、多身份、多组织、多场景、多应用的交互关系，抽象编织社会互联互通模型。第三是采用微服务、人工智能、区块链、CICD 等信息化前沿的最新技术，加上对社会的高度抽象来进行构建。第四是构造“智慧组织”的平台。第五是各组织之间建设的移动端成果可以实现跨 App 通讯、跨 App 服务。

思源政通基于“通（toon）”平台构建了 C 端、B 端和 G 端的连接模型，社会是由个人、企业、组织、政府等基本因素构成，我们是利用“通（toon）”平台在 C 端、B 端、G 端之间构成了互联互通平台，从而实现人和人、人和组织、组织和组织、人与社会之间的互联互通。

着眼于数字时代的城市管理，我们构建了城市管理平台、百姓服务平台——“城市通”。在此平台上，我们可以得到的服务有：一、城市场景中提供的政务服务；二、将公共服务诸如图书馆借阅、公共交通、生活缴费变成城市基本服务；三、与生活密切相连的各种各样的社会服务。

“城市通”平台就是软件基础设施，通过定标准、定协议，基于“城市通”平台提供的基础能力来构建行业应用，支撑各行各业的智慧应用成果在“城市通”上进行赋能和展现。从构建城市软件基础设施和建立数字时代城市运营体系的角度，把城市政务服务、公共服务、社会服务互联互通，搭建“城市通”平台，让政府在平台上可以实现对城市的智慧化治理、数字化运营；百姓可以基于这个平台感受到城市的智慧，感受到数字时代给我们生活带来的便利。一个手机 App 就可以畅享城市所有服务，如公共部门服务，订外卖、出行等等。

“城市通”平台展示层产生的是用户行为数据、需求数据，在应用层产生了各个应用的使用数据、管理的执行数据，平台层产生了运营的流程数据，在基础设施层产生了设备支撑数据、运维数据和设备的状态数据，这些数据都能实时汇集到城市大数据中心。城市大数据中心一方面构建了城市的数据运营体系，支撑城市的数据开发、数据服务、数据管理，同时数据产生的能力又反哺到智慧化的体系当中，形成了对各种智慧应用不断的更新和补充。

智慧城市建设的理念

怎么判断一座城市是不是真的智慧？“城市”是一个非常宏大的概念，但是从根本上来讲衡量智慧只有两个维度：第一，百姓能不能感受到城市的智慧，能不能享受到城市信息化的建设成果；第二，作为政府职能部门能不能进行科学管理，通过城市活跃、新鲜、及时、有效、丰富、完善的大数据，来对城市进行智慧决策。这两个维度也是我们“城市通”平台的根本出发点。

构建城市数字化的过程，可以遵循以下基本理念和技术手段来进行：1. 以人为本。一个城市再高效，最终是为人服务的。2. 城市数字化建设，必须要站在城市全局高度来打造城市级互联互通平台。3. 对城市数字化的构建需要统筹规划和顶层设计。4. 打通信息孤岛需要跨部门进行数据汇集、业务协同。5. 现在是软件定义一切的时代，要从整个城市软件运行环境来构建软件基础设施。6. 数字时代需要构建与之相适应的数字化运营管理体系。这些技术和手段最终目的是让百姓生活更便捷；改变城市发展环境、营商环境；实现政府协同办公，高效政务；通过便民、强企、优政达到提升城市核心竞争力的根本目的。

从技术构架来看，智慧城市早期阶段称之为 1.0 阶段，也是城市信息化刚刚开始的时候，我们在一些具体行业中进行分散应用的建设。随着技术进步，到了 2.0 时代，不同的系统在不同的行业中进行了整合，建设了基于不同行业的智能化主题应用。虽然教育、旅游、医疗行业的信息化建设发展都非常迅速，但这些行业之间仍没有互联互通，不能实时地进行数据交换，不能进行服务共享。如今，进入了智慧城市建设 3.0 时代，我们打造了城市级互联互通平台——“城市通”，提供了一系列如：实名认证、电子证照、虚拟卡、组织管理、神经元、互联网统一支付、统一搜索、统一通讯等基本功能。这个平台建立后，就可以把行业级应用、服务和数据汇集到互联互通平台上，基于此可以进行跨行业的链接。

从效果来看，我们每个人都有多种身份，可归结为三类：1. 公民身份。每个公民对应身份证号终身不变，社会公民可享受到相对应的公民权益，具备绝对唯一性。2. 组织身份。隶属于不同的单位，在工作变动当中此时可能是 A 企业的总经理，彼时又成为 B 企业的 CEO，在不同企业、不同组织当中对应岗位职责不同。3. 个人身份。比如探险团队的驴友，足球俱乐部的会员……这个身份是无穷的。组织身份对应的是岗位职责，公民身份对应的是公民权利，个人身份对应的是个人社交信息。人可以在多个社会场景中发生连接和联系，在数字时代、虚拟世界，人是以账号面目出现的，我们为每个人、每个企业、政府每个部门、每个场景建立管理平台，最后形成多账号、多身份、多组织、多场景、多应用的交织模型。

基于移动端使用产生鲜活的行为数据、需求数据、管理数据、业务数据，结合城市大数据已建立的法人库、人口库、宏观经济运行库等基础信息库，加上基于物联网、智能终端采集的城市状态数据，通过对数据的采集、清洗、存储、分析，形成用户画像，为政府智慧化决策提供依据支撑。

构建智慧平台和新生态

思源“城市通”重点样板城市案例有“北京通”“e 福州”，北京市智慧城市的统一平台——“北京通”，在首届数字中国建设峰会上被评为 2018 年数字中国建设的最佳实践；北京市统一身份认证平台也成为国家政务信息共享试点任务首批上线的 5 个典型案例之一，通过“北京通实名认证体系”，让百姓可以通过一个手机 APP 畅享智慧城市的所有服务，彻底改变以往百姓办事难、难办事的现状。“北京通”将以居民健康卡、居住证为基础，增加金融、交通、自主应用等多功能，真正将“一卡多功能”带进市民生活，构建市区级两件互联互通平台，打造北京市的软件基础设施。

福州市提出了一码通行、一个 App 畅享城市所有服务的理念，建设了字福州平台——“e 福州”。基于“e 福州”App，全市统一识别码构造了一码通行 9 大应用场景，交通出行、教育缴费、看病就医、政务服务等 9 个应用场景全部落地实现，让福州市民办事像“网购”一样便利，共享“数字福州”的发展成果。同时，“e 福州”App 也是福州数字峰会的官方入口，是观众进入会场的唯一途径。

我们在广州、合肥、昆明等城市的项目都处于建设之中，有了城市级的互联互通平台，底层基于“城市通”平台，未来可以实现跨城市的互联互通。

“通（toon）”平台是完全具有自主知识产权的，也是向政府部门、企业、市民、开发者开放的平台，基于这个平台不但可以构建城市级管理平台，还可以为每个行业构建行业级管理平台，例如：智慧教育、智慧医疗、智慧社区等，为每个企业构建企业级智慧管理平台和智能服务平台，构建基于“通（toon）”平台资源共享、能源共用、互联互通的智慧生态体系。

未来，我们的目标是希望构建智慧平台和生态，从平台的建设来看有三类：一是符合国家标准的支撑平台，比如“互联网＋政务服务”、政务信息系统、大数据平台；二是城市治理平台，北京、福州、昆明、广州等；三是行业服务平台，教育平台、旅游平台、医疗平台等。从生态的构建来看，生态可理解为两类：社会生态和产业生态。如之前提到的，我们在城市、企业、社区、学校中都可以基于平台构建各自行业平台，平台和平台之间可以互联互通，形成良好的社会生态。平台也向企业开放，依托平台底层技术的构造化、协议化、分布式，大家可以共同开发，形成产业生态，我们的目标和梦想是以“通（toon）”平台为基础，建立数字时代的城市运营管理体系，构建整个社会的平台和生态，服务数字中国，建设智慧社会。

附录一

媒体报道

2018
数字经济大会报告

大数据的价值在于应用

大数据，就是存储在各种存储介质中的海量的各种形态数据，具有 5V 特点，即：Volume(大量)、Velocity(高速)、Variety(多样)、Value(价值密度)、Veracity（真实性）。大数据之“大”，不仅在于其“大容量”，更在于其“大价值”，并已成为除人力、土地、财务、技术之外的另一种重要的资源。

建设现代化经济体系离不开大数据发展和应用。构建以数据为关键要素的数字经济，就要着力推动实体经济和数字经济融合发展，让大数据成为建设现代化经济体系的重要基石。

大数据是企业跨界融合发展的驱动力

作为一种资源，企业利用大数据，可以更加敏锐地感知周边的变化，更加深邃地洞察客户、消费者以及合作伙伴们的行为和变化趋势，更加精准地优化企业的运营，更加和谐地与商业伙伴一起开展协同创新。大数据正在重塑企业，重新定义行业，正成为跨界融合发展的驱动力。

以中华全国总工会在推动的“工惠驿家”为例，它以“互联网+”、大数据、物联网、人工智能等新一代信息技术，为行走在全国各地公路上的3000多万货运司机提供高频度、高黏度、普惠性服务。

货车运行在全国各地的公路上，通过车载智能终端，可以实时、全域采集道路、环境数据，可以准确分析出全国各条高速公路的流量分布、货物流向分布、空气环境状态等，为行车安全、道路管理、物流管理、环境治理提供决策依据。可以通过货车司机的驾驶习惯、生命体征数据，设计符合每个司机特征的保险方案；通过货运司机行为轨迹数据，设计贴近货运司机需求的休息、餐饮、盥洗、康乐、学习等为一体的司机驿站；可以通过司机对汽车的维修、更新，创造出智慧、人性化、风光电互补新动能的新概念货车；对围绕货车司机的生活资料和生产资料的配套服务，还可以衍生出包括金融服务在内的各种行业服务，为智能化货运物流宏观管理奠定基础。

随着可分析和使用数据的大量增加，通过对这些数据的挖掘、脱敏、脱密、分析、应用、叠加应用，可以发现新的知识，创造新的价值，带来“大知识”“大科技”“大服务”和“大发展”。数据将和企业的固定资产、人力资源一样，成为生产过程中的重要基本要素。

挖掘被淹没的数据价值

要使大数据真正产生价值，就必须要研究数据的关联、数据的聚类以及全样本问题。建立在相关关系分析法基础上的预测是大数据的核心，通过找出关联物并监控它，就能预测未来。

仍以“工惠驿家”项目为例，“人、车、货、路、工会”各种数据产生于公路物流的各个环节、产生于全国800多万个工会组织，数据量巨大，价值密度低，实时在线，多源异构。为了让大数据对服务货运司机和工会组织发挥作用，针对不同的应用场景，首先要找出与应用场景的关联。例如，紧急事故救援，可以按事故类型，找出主要关联，快速把人员信息、货物信息、时间、地点、救援设施、医疗机构、保险机构等与救援相关的数据关联起来，配合预案模型，及时实施救援方案。

数据聚类，是从大数据中发现价值必须面对的一个普遍性、基础性问题。比如上述救援，有多种救援设施及多个同城医疗机构，在数据分析、处理上可首先把与救援机构、医疗机构的数据聚类，再根据事故的类型、受伤的情况，选择出最优的救援和医疗服务方案，这样才能做到及时、高效。

传统的数据样本基础是采样的绝对随机性，随机样本带给我们的只能是事先预设问题的答案。大数据时代，全样本的数据成为现实，全样本数据带给我们视角上的宏观性与全面性，这将使我们可以站在更高的层级全貌看待问题，看见曾经被淹没的数据价值，发现藏匿在整体中有趣的细节，使我们获得从不同的角度更细致、更全面地观察研究数据的可能性，从而使得大数据的分析过程，成为发现过程和问题域的拓展过程。基于近乎全样本并实时获取的海量数据，不断积累并形成有着巨大价值的社会资源。

推动实体经济和数字经济融合发展

大数据产业的发展，离不开两个核心系统工程建设，即稳定、安全、可靠的数据基础系统工程和完善、成熟、领先的应用系统工程。

发展大数据的关键，是要有获得数据的能力和方法，获得的数据不仅要及时、完整、准确地存储下来，而且要及时、完整、准确地传输到数据需求者。有了数据，还必须有足够的计算能力，因此基础系统工程包括了数据采集、汇聚、传输、存储、计算资源、大数据应用平台、云计算平台、数据资源池、数据分析挖掘工具软件、数据产权管理、数据标准体系、数据安全体系等。

目前，各行各业的决策正在从“业务驱动”向“数据驱动”转变。通过对大数据的分析，可以使企业实时掌握市场动态并迅速做出应对，可以制定更加精准有效的营销策略，可以帮助企业为消费者提供更加及时和个性化的服务。在公共事业领域，大数据在促进经济发展、维护社会稳定等方面的重要作用已开始得以发挥。因此，大数据应用系统建设，是大数据作为重要资源作用的关键。

从 2009 年开始，润泽科技就一直在研究数据产业发展趋势，投资建设国际一流的高标准数据基础设施，成为京津冀最具活力的数据产业平台基地。2016 年，润泽科技投资建设了京津冀大数据创新应用中心，并被列为京津冀大数据综合试验区重点工程。应用中心引入了前瞻性的大数据技术，集聚了具有代表性的大数据企业，旨在构建大数据创新应用中心，为实体经济和数字经济融合创建大数据应用服务平台，吸引了大批国内外顶尖的大数据人才。

京津冀大数据创新应用中心将展现全球最新的大数据应用技术，聚焦更好地解决社会问题、商业营销问题和科学技术问题，辅助政府实现经济调控、城市管理、疾病防控、灾害预警、舆情分析、预防犯罪等。通过大数据分析手段，预判未来的发展趋势，为政府治理和决策提供及时的数据分析，改变人们的思维和决策方式，实现价值创造并触发新的价值增长，促进大数据产业健康、绿色、良性发展。

当前，大数据应用进入了广泛而快速的发展阶段，我们要坚持以供给侧结构性改革为主线，加快发展数字经济，推动实体经济和数字经济融合发展，推动互联网、大数据、人工智能同实体经济深度融合，继续做好信息化和工业化深度融合这篇大文章。

（刊于 2017 年 12 月 15 日《经济日报》第 15 版　作者：润泽科技发展有限公司董事长　周超男）

“大智移云”引领城市经济新发展

——河北省廊坊市着力打造数字经济探访（上）

翻开河北廊坊2017年“成绩单”，一组数据颇为亮眼：战略性新兴产业增加值占规模以上工业增加值比重达16.2%，创历史新高；2017年实施的33项省重点项目和100项市重点项目中，战略性新兴产业项目分别占比51.5%和36%。

近年来，借势京津，以大数据、智能制造、移动互联网、云计算等为代表的战略性新兴产业在廊坊迅猛发展，成为拉动廊坊经济转型发展的新引擎。

驶入快车道

位于廊坊经济技术开发区的京津冀大数据创新应用中心，已经成为廊坊市地标性建筑，也是廊坊紧抓机遇、突出特色、聚力发展数字经济的象征。

2009年，润泽科技创始人周超男带着技术团队来到廊坊经济技术开发区，成为全国首家大数据产业园的首家入驻企业。9年来，这家专注于提供新一代信息技术、产品、服务和系统解决方案的企业，不仅在云计算和大数据领域实现了飞速发展，还吸引了一大批同领域的科技企业先后入驻廊坊。

“目前，以润泽、华为、联通等企业为代表的大数据产业集群已经形成，集聚效应日益显现。”廊坊经济技术开发区管委会经济发展局局长林秋鸿告诉经济日报记者。

以大数据产业为起点，云计算、新一代电子信息制造业等关联产业在廊坊蓬勃兴起。2016 年，廊坊明确提出，将“大智移云”作为全市发展的首位产业，着力发展数字经济，并出台了一系列政策保驾护航。由此，廊坊“大智移云”产业驶入发展快车道。

“2016 年，廊坊经济技术开发区和京南·固安高新技术产业开发区被评为河北省战略性新兴产业大数据示范基地和新型显示示范基地；在京津冀大数据综合试验区建设中，廊坊被确定为打造物流金融遥感大数据创新应用示范区。同时，在数字经济快速发展的带动下，廊坊的电子信息制造业、大数据与软件信息服务业、高端制造业等也顺势快速发展。”廊坊市工信局党组副书记、调研员杨德山说。

2017 年，廊坊大数据与软件服务业实现主营业务收入 174.9 亿元，同比增长 16.9%；实现利润 18.4 亿元，同比增长 6.3%；实现税收 7.1 亿元，同比增长 20.5%。电子信息制造业实现主营业务收入 217.2 亿元，占河北省电子信息制造业的 18%，同比增长 8.7%。

形成新格局

走进位于香河县运河大道旁的机器人小镇，记者立即被干净整洁又颇具创意的厂房所吸引。一边是绿植、水系、大小景观环绕，环境清新友好；一边是带有机器人元素的公共设备随处可见。体验大厅和企业车间内，机器人应用之广、工作精度之高让人惊叹不已。

香河县委常委、宣传部长焦国强告诉记者，着眼绿色发展目标、实现由传统制造业向现代服务业的转型升级是建设机器人小镇的初衷。2014 年以来，安川都林、美国 ATI、德国尼玛克等 80 多家国内外机器人企业先后签约入驻，超过 50 家企业已经投产。

机器人小镇的悄然崛起，展现了以传统产业为主的小城香河正在发生的深刻变化，这也正是廊坊依托新兴产业重塑产业格局、打开经济发展新空间的一个缩影。

“为什么要抓住机遇大力发展新兴产业？除了环保要求日渐严格的外部压力，传统产业寻求转型升级的内在需求也是重要原因。”廊坊市委常委、常务副市长贾永清在接受经济日报记者采访时说，毗邻京津、受益于京津冀协同发展战略，承接两地人才和产业资源等是廊坊发展新兴产业得天独厚的优势，选择优先发展以“大智移云”为代表的新兴产业，就是要充分发挥和利用好这些优势，提升廊坊整体经济发展的水平和质量。

“带着压力挖掘新潜力的同时，廊坊的工业领域也开始思考到底什么样的路子才真正适合我们当地的发展。”杨德山说，廊坊将“大智移云”作为首位产业还有两个基础条件：一方面，廊坊的电信设施基础、数字化基础设施建设已走在全省前列，发展数字经济具备良好的硬件环境；另一方面，廊坊民营经济的活跃也为大数据等新兴产业的发展注入了动力，当地民营企业家们自觉、主动地关注新兴产业领域，敢于尝试、善于创新，逐步探索出一条既符合政策导向，又符合本地实际的发展路径。

发力高质量

来到位于固安的云谷科技，记者看到，高大宽敞的现代化国际标准厂房内，技术工人们正在为即将试产的第 6 代 AMOLED（有源矩阵有机发光二极体面板）生产线做最后的调试。项目负责人金波告诉记者，新生产线全部为智能制造，产能和效率都大幅提高，可满足全年 9000 万部智能手机屏幕需求，并兼顾可穿戴产品的应用。

作为新一代显示技术，OLED 近年来已成为国际高技术领域的竞争热点，而柔性 AMOLED 更是代表了 OLED 的技术高点和未来方向。云谷（固安）正是瞄准了这一产业趋势，打造出国内首条支持全柔显示技术的 AMOLED 面板生产线，不仅能生产目前的曲面屏、全面屏，而且能生产折叠显示屏、全柔性显示屏等。

更难能可贵的是，云谷（固安）第六代 AMOLED 项目拥有完全自主知识产权，技术性能位居世界前列，将助力我国在 OLED 产业新一轮全球竞争中抢占先机。

如今的固安，不仅主动抢抓京津冀协同发展机遇、以创新为城市发展赋能，更发挥着北京及河北省科技成果转化试验桥头堡的作用。在创新驱动发展战略的指引下，航空航天、电子信息、生物医药、新材料、高端制造等高科技产业集群呼之欲出，固安实现高质量发展的路径日渐清晰。

短短几年的聚力发展，“大智移云”为廊坊打开了新的发展空间，新旧动能加快转换，廊坊经济发展迈入质量提升、速度加快、后劲增强的新征程。据贾永清介绍，未来廊坊数字经济的发展目标是：继续聚焦“大智移云”首位产业，信息技术在三次产业中加快融合应用；数字经济增加值占地区 GDP 的比重达到 30% 以上，力争建成具有国际影响力的新型显示和智能终端产业集聚区，全国领先的大数据应用先行区、以智慧物流为重点的京津冀“互联网 +”创新示范区、以优质政务服务为特征的河北智慧城市引领区。

苔花如米小，也学牡丹开。在重大国家战略的支撑带动下，作为河北省面积最小的设区市，廊坊正在紧抓机遇积蓄能量，朝着更大的目标奋进。

（刊于《经济日报》2018 年 5 月 15 日第 1 版 经济日报采访组：许红洲 欧阳梦云 暴媛媛 崔国强 本文执笔：暴媛媛）

放大数字经济多重效应

——河北省廊坊市着力打造数字经济探访（下）

聚焦“大智移云”首位产业，大力发展数字经济，为廊坊经济发展打开新的空间。

在这一过程中，廊坊也努力探索全方位释放数字经济对经济发展的放大、叠加、倍增作用，积极实践用“互联网＋”推动数字经济与实体经济、生产生活的深度融合，为人民群众带来更多幸福感和获得感。

升级传统产业

廊坊民营经济活跃，传统产业信息化水平普遍较低，大量中小企业更是亟待信息化、智能化改造。在做大做强数字经济的同时，廊坊以“大智移云”为导向，积极用“互联网＋”提升改造传统产业。2016年开始，廊坊在河北省率先探索“平台＋数据＋应用＋服务”的涉企服务新模式，通过政府购买服务、委托建设运营廊坊企业云服务平台，为企业提供一站式的信息化综合服务。

廊坊市工信局党组副书记、调研员杨德山告诉记者，廊坊企业云服务平台为中小企业提供企业管理、生产制造等全生命周期的近百种软件产品服务，线下云平台配备专业团队为企业量身制定智能制造、企业信息化的一体化解决方案。

据介绍，平台为专业生产多种水刺非织造布的东纶科技公司设计提供了智慧能源云管理系统，帮助香河鑫佳宜家具公司完成了电商运营开拓和企业内部信息化提升。经过数字化智能化改造，这些企业的产品质量、生产效率和效益大幅提高。目前廊坊企业云服务平台已经入驻企业 2305 家。

同时，廊坊坚持以数字化车间和数字工厂建设为抓手，大力拓展机器人产业化应用领域，累计支持 30 多家企业实施了“机器换人”智能化改造。目前，廊坊智能制造规模以上企业中，CAD（计算机辅助设计）在产品设计环节中应用率接近 80%，数字化控制技术和智能设备应用率达到 60%，“机器换人”初见成效。

服务数字生活

在种植农作物过程中遇到很多困难怎么办？现在，通过廊坊大华夏神农信息技术有限公司的多款物联网应用可以迅速得以解决。公司负责人崔文顺介绍，通过下载“早知道”APP，可以随时查看大棚的温湿度情况、远程启动或者停止增温设备运行，还可以学习到一些农作物不同时期常见病的预防和治疗。

“家住广阳区农村的两位老人，去年 4 月通过‘早知道’应用，成功预防了春茬黄瓜的猝倒病、炭疽病，还特意来公司学习下载新的应用。”崔文顺说，目前大华夏的“早知道”APP 在廊坊市应用达到 169 个园区，并将无线传感、物联网、云计算等技术集成应用到农村电子商务、农村电子政务、农村信息资源、农业服务一体机、农业服务工具等领域。

在廊坊，互联网应用正在深度融入人们生活的各个领域，想居民所想、急居民所急，贴心程度非同一般。

廊坊家政公司新奥E城E家的经理徐长民告诉记者，生活中会经常遇到诸如由于没有及时充值，做饭时燃气突然停气而营业厅已经下班无法购气的情况，这时用户就可通过E城E家APP下单预约蓝牙卡开卡服务，并通过APP完成线上缴费，很短时间内就能恢复燃气供应。目前这款智慧家政服务的APP用户已达39万户。

在广大居民更为关注的医疗领域，廊坊同样不断加强信息化建设，系统运用云计算、大数据、物联网、互联网等技术，发展面向基层的远程医疗和线上线下的智慧医疗。去年12月初，全国首台拥有自主知识产权的车载移动CT脑卒中救治单元在廊坊爱德堡医院开始使用。爱德堡医院院长李立祥告诉记者，该救治单元采用了移动医疗创新技术，主要包括16层移动CT扫描仪、小型智能化颅脑手术机器人、4G无线路由服务网络、会诊中心、脑卒中救治中心等移动医疗与辅助设备，让脑卒中检查、诊断和治疗更加及时有效，目前已成功使用200多次，为许多病人赢得了抢救的黄金时间。

夯实基础建设

互联网应用大显神通，得益于强大的基础设施建设。截至目前，廊坊已建成4G基站6000余座，4G用户总数达251.1万，固定宽带接入用户数已达98.1万户。2016年4月，廊坊建成光纤到户全覆盖，完成全市超过3500个行政村及城区小区全光网络覆盖。2016年6月底，廊坊在河北省率先实现主城区重点场所热点区域免费wifi全覆盖。

尽管是河北最年轻的设区市，但廊坊打造智慧城市的起步却不晚，电子政务建设和应用服务水平在全国也居先进行列。早在2012年8月，廊坊市公务云计算中心就挂牌成立，在全国率先搭建起政务信息资源共享大平台。目前，平台已安装部署1000余台硬件设备，

160 余套软件设备，可以实现横向连通 148 个政府部门、110 个街道社区等，纵向上联河北省公务网，下联各县市区，10 多个部门实现了省、市、县三级业务联网应用。

近年来，廊坊积极推进“互联网 + 政务服务”，推动实体政务服务大厅向网上办事大厅延伸。2017 年，廊坊全面提高行政审批效率，顺利完成国家中小城市综合改革试点任务，组建了市县两级行政审批局，推行并联审批、容缺审批、“互联网 + 政务”在线审批等新模式，最大限度压缩审批时限，推出涉企 54 项行政许可事项当日办结、企业登记便利化 26 条等改革措施，审批效率平均提高 68%。

站在新起点，借“大智移云”产业快速发展的东风，廊坊将进一步加强信息化基础网络建设，开拓更多丰富多彩的互联网应用，努力满足廊坊人民日益增长的美好生活新需求。

（刊于《经济日报》2018 年 5 月 16 日第 4 版　经济日报采访组：许红洲　欧阳梦云　暴媛媛　崔国强　本文执笔：崔国强）

数字经济成为带动增长核心动力

中国的数字经济发展引来了全世界关注的目光。印尼通讯和信息技术部部长鲁迪安达拉日前表示，中国在数字经济领域的亮眼表现举世瞩目，希望加强与中国数字经济领域的合作。

“数字经济已成为近年来带动经济增长的核心动力，2017 年我国数字经济对 GDP 的贡献率为 55%，接近甚至超越了某些发达国家水平。”中国信息通信研究院政策与经济研究所所长鲁春丛表示，根据中国信息通信研究院测算，2017 年我国数字经济总量达到 27.2 万亿元，同比名义增长 20.3%，占 GDP 比重达到 32.9%。随着信息化发展环境的全面推进，我国数字经济发展“水涨船高”。

夯实基础绘蓝图

“以互联网为核心的信息技术已深度渗透到现有的经济体系中，建设‘数字中国’，构建数字经济恰逢其时。”中科院院士、北京理工大学副校长梅宏如是说。

当前，我国数字经济蓬勃发展的动力之一是积极的政策引导。鲁春丛表示，从《国家信息化发展战略纲要》到《“十三五”国家信息化规划》，再到网络提速降费、大数据、分享经济、工业互联网、信息消费等一系列重大政策的推进实施，各地对数字经济支持力度不断加大。

另一动力是基础设施和网络支撑能力大幅跃升。一方面，宽带网络普及持续推进，网络提速效果显著。2017 年，三家基础电信企业固定宽带接入用户数达 34854 万户，全年净增 5133 万户；4G 用户总数达到 9.97 亿户，全年净增 2.27 亿户。另一方面，电信普遍服务深入推进。网络扶贫网络覆盖工程成效明显，2017 年完成 3.2 万个行政村通光纤的任务部署，全国农村宽带用户达 9377 万户，同比增长 25.8%。

新一代信息网络技术成为新的土壤，5G 研发和测试工作快速推进，第三阶段试验第一批规范发布，正在推动形成全球统一 5G 标准。IPv6 全面演进升级提速，加快构建高速率、广普及、全覆盖、智能化的下一代互联网。截至 2017 年 12 月份，我国 IPv6 地址数量为 23430 块 /32, 年增长 10.6%。中国移动董事长尚冰表示，新一代信息基础设施将继续夯实数字中国的网络基础。

技术突破“换道超车”

“人工智能技术在中国的发展，既有资本和政策的强力支持，也有产业升级提供的丰富场景，这些都为人工智能技术的发展提供了强劲动力，我们要努力在人工智能技术的全球竞争中把握自主权，让中国在技术上掌握核心竞争力。”旷视科技创始人印奇表示。

在信息技术领域，基础技术、通用技术不断取得突破，搭载“中国芯”的“神威·太湖之光”在全球超级计算机 500 强中位列榜首；前沿技术、颠覆性技术加快发展，“墨子号”量子卫星成功实现预定科学目标，量子保密通信“京沪干线”顺利贯通。2017 年，我国创新指数在全球排名上升到第 22 位，是唯一进入前 25 名的中等收入国家，跻身全球创新领导者行列。

“我们用了不到 20 年时间，成功构建了安全可控的北斗卫星导航系统，北斗背后是一套信息技术体系，网信领域的单项技术产品或服务往往不成气候，只有当技术、标准、产品等彼此互为支撑，形成信息技术体系，才能生存和发展。”中国工程院院士倪光南告诉经济日报记者。

云计算、大数据、人工智能等新技术的飞速发展，以及与传统产业深入融合，为数字经济发展站上创新高地“换道超车”提供了新的机遇。金山办公软件首席技术官章庆元表示，人工智能已经在各种场景中落地，并且极大地提升了传统业务的效率。

中国联通大数据公司总经理赵越则认为，“大数据已经成为国家战略，在国民经济发展中发挥的作用越来越大。”根据有关机构测算，2017 年我国大数据核心产业规模为 234 亿元，同比增长 39%。大数据应用正在从互联网、电信、金融、交通、医疗等领域向传统领域拓展。我国大型互联网企业在海量数据采集、存储和处理等方面的能力跻身国际前列。

不过，随着新技术的发展，安全问题也随之产生。在日前举行的 C3 安全峰会上，亚信安全技术团队演示了一场惊心动魄的“智能网联汽车劫持”，通过“黑”入汽车的信息娱乐系统，更改导航线路并勒索车主。亚信安全通用企业事业部副总经理刘政平坦言，在新的数字经济发展浪潮中，产业链上的各方都要有安全意识，不能忽视新技术背后的网络安全问题。

新面孔酝酿新动力

5 月 11 日，直播平台虎牙在美国纽约证券交易所挂牌上市成为焦点。直播行业正是数字经济这几年被人关注的“风口”之一，同移动支付、共享经济、区块链等一样，它们成为独特的“中国经验”和“中国模式”。从“Copy To China（中国模仿）”到“Kaobei From

China（效法中国）”，新技术、新产业、新业态、新模式不断涌现，成为我国数字经济持续发展的动力源泉。

以共享经济为例，国家发改委高技术司司长任志武表示，共享经济已成为中国创新发展的一张亮丽名片，对推动供给侧结构性改革、促进经济转型发展具有重要作用。不过，国家信息中心首席信息师张新红认为，“新面孔”对监管提出了新的考题。我国对数字经济的治理还需继续坚守三大原则：鼓励创新、包容审慎；多方参与、协同治理；线性思维、弹性平衡。

此外，“新面孔”也为中国企业将数字经济成功与世界共享提供了越来越多的可能性。英国国际贸易部日前就与腾讯在伦敦发布了一系列合作计划，将充分结合双方优势，推动全球数字文创产业发展。

“中国经验”和“中国模式”正在全球“生根开花”。我国倡导发起了《二十国集团数字经济发展与合作倡议》《“一带一路”数字经济国际合作倡议》。目前，我国网信企业积极参与了 170 多个国家信息基础设施建设，并为“一带一路”相关 30 多个国家和地区提供空间信息服务。

（刊于《经济日报》2018 年 5 月 17 日第 5 版　经济日报记者：陈静）

“大智移云”掀起数字热潮

——访河北省廊坊市委常委、常务副市长贾永清

由河北省人民政府、经济日报社共同主办的“2018 年中国 · 廊坊数字经济大会”作为“2018 年中国 · 廊坊国际经济贸易洽谈会”的主论坛，将于 5 月 18 日在河北省廊坊市举办。会前，就廊坊发展数字经济相关话题，经济日报记者专访了廊坊市委常委、常务副市长贾永清。

记者：廊坊发展数字经济有哪些优势？

贾永清：一是独特区位优势。廊坊有 6 个县（市、区）与北京接壤，其他 4 个县市均与天津市毗邻，可共享北京的高端人才资源和最新技术成果。

二是国家战略优势。在京津冀协同发展、北京城市副中心建设、北京第二机场建设和雄安新区等利好影响下，廊坊北、中、南三个板块都有了国家战略支撑，全域借势发展数字经济的强劲势能正在形成。

三是产业基础优势。自 2009 年开始，廊坊就规划建设云存储数据中心产业园区，目前已建成 4 个大型数据中心，在线服务器数量 52 万台。

记者：在各地竞相发展数字经济的热潮中，廊坊处于什么样的位置？

贾永清：廊坊市起步较早、基础扎实，在社会各领域都有积极探索和创新发展，取得了一些阶段性成果，在河北省处于第一方阵，在全国也有一定知名度和影响力。

记者：廊坊发展数字经济过程中取得了哪些经验？

贾永清：一是政府主导、方向明确。2016 年 8 月份，为贯彻落实河北省委、省政府的决策部署，市委、市政府基于对未来经济发展大势的研判，决定将“大智移云”（大数据、智能化、移动互联网、云计算）产业作为全市发展的首位产业。

二是政策引导、强化扶持。市政府从政策引导入手，先后出台了一系列文件，围绕企业发展所需要的土地、人才、资金和技术创新等要素，出台了一系列有力的政策措施，成立了“廊坊高科创业天使基金”“科技型企业贷款风险资金池”等，对符合产业发展方向、具有成长潜力和数字经济特征的企业提供资金支持。

记者：当前廊坊发展数字经济还面临哪些难点和挑战？

贾永清：一是协调发展水平亟待提升。由于信息化投入大、见效慢、应用难度高，廊坊家具制造、金属压延等传统产业利用数字技术动力不足。

二是产业发展速度快但体量尚小，产业链还不完整。以“大智移云”为引领的数字经济虽然已经具备一定的基础条件和产业优势，但从产业长期发展来看，仍然处于初级阶段。

面对以上难题和痛点，我们主要从以下几个方面入手。一是政策引领。用好省市两级技改项目资金，加大对传统行业升级改造项目的支持力度。二是搭建平台。针对中小企业信息化水平低的现状，在全省率先积极探索“平台 + 数据 + 应用 + 服务”的涉企服务新模式。三是典型示范。每年从不同行业中遴选 5 家信息化建设示范企业，对示范企业在政策帮助、资金扶持和重大事项协调等方面给予倾斜。四是补链强链。各园区在招商选资时，重点放在传统产业及关键节点补链、强链、扩链上。要多用大数据、云计算等技术，加速推动产品质量提升，实现由廊坊制造向廊坊智造、廊坊创造的跨越。

（刊于《经济日报》2018 年 5 月 17 日第 5 版　经济日报记者：许红洲）

2018 数字经济大会 5 月 18 日举办——

用好数字经济新动能
助力经济高质量发展

5 月 18 日，“2018 数字经济大会”在河北省廊坊市举办。大会以“新时代·新动能——数字经济 智慧未来”为主题，与会专家及业内人士围绕数字经济产业发展的探索实践展开了深入探讨。

与会嘉宾一致表示，中国经济正在转向高质量发展阶段，当前最重要的是以习近平新时代中国特色社会主义思想为指引，深入贯彻落实党的十九大精神，践行新发展理念，加快创新驱动，让数字经济更好服务于现代化经济体系建设和高质量发展。

本次大会由河北省人民政府、经济日报社主办，河北省工信厅、河北省商务厅、河北省通信管理局、廊坊市人民政府、润泽科技发展有限公司承办。来自国家有关部委、河北省等省区市及国内外著名专家学者、企业界和媒体等方面的代表 600 余人参会。

壮大新动能

发展数字经济是贯彻落实“创新、协调、绿色、开放、共享”五大发展理念的重要举措，是顺应时代趋势、抢抓发展机遇的重大战略。

近年来，党中央、国务院高度重视发展数字经济，作出了一系列重要部署，各部门、各地方积极行动、主动作为，广大企业开拓创新，奋力前行。当前，我国数字经济发展势头日趋强劲，数字红利加快释放，辐射带动作用不断增强。有关数据显示，2017 年我国数字经济规模达 27.2 万亿元，同比增长 20.3%，数字经济对国民经济的贡献显著加大。

“在数字经济领域，中国正在从跟跑者、并跑者逐渐变为领跑者。以互联网、大数据等为代表的数字经济已经深刻融入我国经济社会各领域，正成为推动经济发展质量变革、效率变革、动力变革的重要驱动力。”经济日报社社长张小影说，自主创新能力明显增强，信息基础设施全面提升，数字经济正在与实体经济加速融合，网上购物、移动支付、共享单车等都在深刻改变人们的生活方式。

张小影认为，当今世界数字经济已经进入到加速创新引领发展的新阶段，谁引领了数字经济，谁就掌握了新一轮发展的主动权。

“河北有发展数字经济的良好基础和现实需要，有发展数字经济的难得机遇，更有发展壮大数字经济的信心和决心。”河北省人民政府副省长夏延军说，目前河北省已投入运营张北云联数据中心、数据港张北数据中心、润泽国际信息港、华为廊坊云计算基地、中国联通华北基地等一批大数据中心。

把握新机遇

习近平总书记在不久前举行的全国网络安全和信息化工作会议上明确指出，“要发展数字经济，加快推动数字产业化”。这一表述引起了众多嘉宾的强烈共鸣。

“数字产业正在进入一个新的周期，其最大特点就是 ICT（信息和通信技术）和数字基础设施将被各行各业广泛应用。数字技术已经从以前的办公支撑系统变为生产系统和决策系统，成为新时期企业的核心竞争力。”信息技术领军企业华为技术有限公司副总裁马悦表示，数字技术的创新将给所有产业带来进一步的繁荣，同时能够驱动数字经济和实体经济进一步增长。

不久前华为发布的《全球产业展望 GIV2025》显示，随着万物感知和万物互联的升级，人类将进入一个万物智能的世界。到 2025 年，全球个人智能终端将达到 400 亿，全球联接总数将达到 1000 亿，将创造 23 万亿美元的产业价值。

马悦表示，华为拥有 ICT 基础设施建设的经验和能力，具有 ICT 基础设施和平台管理优势。“在三十而立的新阶段，华为也确定了企业发展的新愿景与新使命。我们要把数字世界带给每一个人、每一个家庭、每一个组织，构建万物互联的智能世界。”

“数字世界的一大好处是各种数字产品可以几乎零成本地供应。我们要透过科技、人文等一起实现梦想，大家一起共创、共享未来。”威盛电子股份有限公司董事长陈文琦表示，5G 和未来通讯本质上都是透过强大的计算能力，让用户享受到更好的通讯服务。为此，威盛一直努力推动中国“芯”的发展。“芯片产业非常重要，中国企业一定会越做越好。”陈文琦说。

实现新蜕变

数字经济既是我国经济转型升级的新变量，也是发展提质增效的新动能。与会嘉宾认为，要着力推动产业数字化，利用互联网新技术、新应用对传统产业进行全方位、全角度、全链条的改造，提高全要素生产率，释放网络和信息技术对经济发展的放大、叠加、倍增作用。

多个机构的预测均显示，工业互联网的规模极其巨大。富士康工业互联网股份有限公司董事长陈永正表示，发展工业互联网，实施智能制造，旨在更好地提高质量和效率、降低成本、减少存货。能否取得上述效果，很大程度上取决于能否采集到有效关键数据，这也是工业互联网发展必须面临的挑战。为此，富士康旗下群创面板工厂目前正在运用 16K 摄像机采集数据，以确保精准监测。此外，富士康还着力破解工厂内部大量数据安全有效传输的难题。

陈永正表示，怎样收集数据，采集什么数据，不同形式的数据如何传输、储存、分析，是发展工业互联网必须面对的现实挑战，也是一个重大机遇。

“数字经济的发展需要管理者、生产者、消费者共同为其营造一个清洁的经济活动环境。”原信息产业部部长吴基传表示，数字经济对社会将产生巨大影响。但同时也要认识到，随着数字经济的发展，新的生产方式与传统方式之间的差异必然会凸显出来，这需要我们适应新时代的新要求，不断开拓创新，不断主动调整。

（刊于《经济日报》2018 年 5 月 19 日第 6 版　经济日报·中国经济网记者：周雷）

"2018数字经济大会"举办

本报廊坊5月18日电 记者暴媛媛 马春阳报道：5月18日，由商务部与河北省人民政府共同主办的2018中国·廊坊国际经济贸易洽谈会在廊坊市京津冀大数据创新应用中心开幕。

作为本次经贸洽谈会的主论坛，由河北省人民政府、经济日报社共同主办的"2018数字经济大会"同日成功举办。大会以"新时代·新动能——数字经济 智慧未来"为主题，邀请政府相关机构负责人、业内知名专家学者、领军企业高层等，共同探讨新时代下数字经济的迅猛崛起和美好未来。围绕加快推动数字经济与传统产业、实体经济的深度融合，大会还举办了遥感中国论坛、前沿论坛、产业论坛和发展论坛等四个平行论坛，发布了一批科技新品。**（详细报道见第六、七版）**

经济日报头版报道

数字经济成为带动增长核心动力

本报记者 陈 静

聚焦

中国的数字经济发展引来了全世界关注的目光。印尼通讯和信息技术部部长鲁迪安塔拉日前表示，中国在数字经济领域的亮眼表现举世瞩目，希望加强与中国数字经济领域的合作。

“数字经济已成为近年来带动经济增长的核心动力，2017年我国数字经济对GDP的贡献率为55%，接近甚至超越了某些发达国家水平。”中国信息通信研究院政策与经济研究所所长鲁春丛表示，根据中国信息通信研究院测算，2017年我国数字经济总量达到27.2万亿元，同比名义增长20.3%，占GDP比重达到32.9%。随着信息化发展环境的全面推进，我国数字经济发展“水涨船高”。

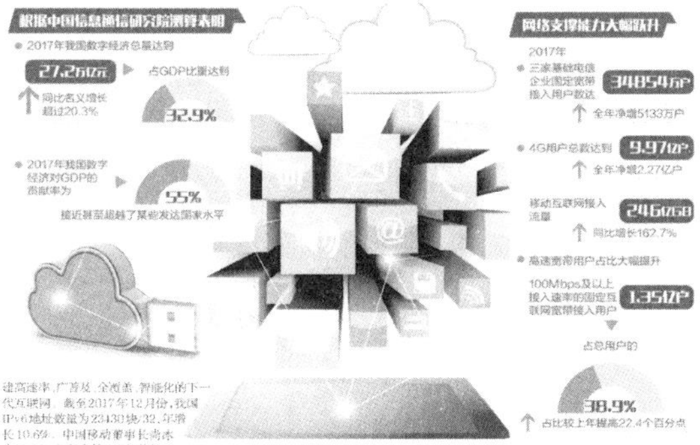

夯实基础绘蓝图

“以互联网为核心的信息技术已深度渗透到现有的经济体系中，建设‘数字中国’，构建数字经济恰逢其时。”中科院院士、北京理工大学副校长梅宏如是说。

当前，我国数字经济蓬勃发展的动力之一是积极的政策引导。鲁春丛表示，从《国家信息化发展战略纲要》到《“十三五”国家信息化规划》，再到网络提速降费、大数据、分享经济、工业互联网、信息消费等一系列重大政策的推进实施，各地对数字经济支持力度不断加大。

另一动力是基础设施和网络支撑能力大幅跃升。一方面，宽带网络普及持续推进、网络提速效果显著。2017年，三家基础电信企业固定宽带接入用户数达34854万户，全年净增5133万户；4G用户总数达到9.97亿户，全年净增2.27亿户。另一方面，电信普遍服务深入推进，网络扶贫网络覆盖工程成效明显，2017年完成3.2万个行政村通光纤的任务部署，全国农村宽带用户达9377万户，同比增长25.8%。

新一代信息网络技术成为新的土壤，5G研发和测试工作快速推进，第三阶段试验第一批规范发布，正在推动形成全球统一5G标准。IPv6全面演进升级提速，加快构建高速率、广普及、全覆盖、智能化的下一代互联网。截至2017年12月份，我国IPv6地址数量为23430块/32，年增长10.6%。中国移动董事长尚冰表示，新一代信息基础设施将继续夯实数字中国的网络基础。

技术突破“换道超车”

“人工智能技术在中国的发展，既有资本和政策的强力支持，也有产业升级提供的丰富场景，这些都为人工智能技术的发展提供了强劲动力。我们要努力在人工智能技术的全球竞争中把握自主权，让中国在技术上掌握核心竞争力。”旷视科技创始人印奇表示。

在信息技术领域，基础技术、通用技术不断取得突破，搭载“中国芯”的“神威·太湖之光”在全球超级计算机500强中位列榜首；前沿技术、颠覆性技术加快发展，“墨子号”量子卫星成功实现预定科学目标，量子保密通信“京沪干线”顺利贯通。2017年，我国创新指数在全球排名上升到第22位，是唯一进入前25名的中等收入国家，跻身全球创新领导者行列。

“我们用了不到20年时间，成功构建了安全可控的北斗卫星导航系统。北斗将衍生一套信息技术体系，网信领域的单项技术产品或服务往往不成气候，只有当技术、标准、产品等彼此互为支撑，形成信息技术体系，才能生存和发展。”中国工程院院士倪光南告诉经济日报记者。

云计算、大数据、人工智能等新技术的飞速发展，以及与传统产业深入融合，为数字经济发展站上创新高地“换道超车”提供了新的机遇。金山办公软件首席技术官章庆元表示，人工智能已经在各种场景中落地，并且极大地提升了传统业务的效率。

中国联通大数据公司总经理赵越刚认为，“大数据已经成为国家战略，在国民经济发展中发挥的作用越来越大。”根据有关机构测算，2017年我国大数据核心产业规模为234亿元，同比增长39%。大数据应用正在从互联网、电信、金融、交通、医疗等领域向传统领域拓展。我国大型互联网企业在海量数据采集、存储和处理等方面的能力跻身国际前列。

不过，随着新技术的发展，安全问题也随之产生。在日前举行的C3安全峰会上，亚信安全技术团队演示了一场惊心动魄的“智能网联汽车劫持”，通过“黑”入汽车的信息娱乐系统，更改导航线路并勒索车主。亚信安全通用企业事业部副总经理刘政平坦言，在新的数字经济发展浪潮中，产业链上的各方都要有安全意识，不能忽视新技术背后的网络安全问题。

新面孔酝酿新动力

5月11日，直播平台虎牙在美国纽约证券交易所挂牌上市成为热点。直播行业正是数字经济这几年被人关注的“风口”之一，同移动支付、共享经济、区块链等一样，它们成为独特的“中国经验”和“中国模式”。从“Copy To China(中国模仿)”到“Kaobei From China(效法中国)”，新技术、新产业、新业态、新模式不断涌现，成为我国数字经济持续发展的动力源泉。

以共享经济为例，国家发改委高技术司司长伍浩表示，共享经济已成为中国创新发展的一张亮丽名片，对推动供给侧结构性改革、促进经济转型发展具有重要作用。不过，国家信息中心首席信息师张新红认为，“新面孔”对监管提出了新的考题。我国对数字经济的治理还需继续坚守三大原则：鼓励创新、包容审慎；多方参与、协同治理；线性思维、弹性平衡。

此外，“新面孔”也为中国企业将数字经济成功与世界共享提供了越来越多的可能性。英国国际贸易部日前就与腾讯在伦敦发布了一系列合作计划，将充分结合双方优势，推动全球数字文创产业发展。

“中国经验”和“中国模式”正在全球“生根开花”。我国倡导发起了《二十国集团数字经济发展与合作倡议》《“一带一路”数字经济国际合作倡议》。目前，我国网信企业积极参与了170多个国家信息基础设施建设，并为“一带一路”相关30多个国家和地区提供空间信息服务。

日前，著名世界机器人企业安川都林在河北香河机器人小镇投产运营。图为产品测试线现场。

王晓楠摄

“大智移云”掀起数字热潮

——访河北省廊坊市委常委、常务副市长贾永清

本报记者 许红洲

访谈

由河北省人民政府、经济日报社共同主办的“2018年中国·廊坊数字经济大会”作为“2018年中国·廊坊国际经济贸易洽谈会”的主论坛，将于5月18日在河北省廊坊市举办。会前，就廊坊发展数字经济相关话题，经济日报记者专访了廊坊市委常委、常务副市长贾永清。

记者：廊坊发展数字经济有哪些优势？

贾永清：一是独特区位优势。廊坊有6个县(市、区)与北京接壤，其他4个县市均与天津市毗邻，可共享北京的高端人才资源和最新技术成果。

二是国家战略优势。在京津冀协同发展、北京城市副中心建设、北京第二机场建设和雄安新区等利好影响下，廊坊北、中、南三个板块都有了国家战略支撑，全域谋势发展数字经济的强劲势能正在形成。

三是产业基础优势。自2009年开始，廊坊就规划建设云存储数据中心产业园区，目前已建成4个大型数据中心，在线服务器数量52万台。

记者：在各地竞相发展数字经济的热潮中，廊坊处于什么样的位置？

贾永清：廊坊市起步较早，基础扎实，在社会各领域都有积极探索和创新发展，取得了一些阶段性成果，在河北省处于第一方阵，在全国也有一定知名度和影响力。

记者：廊坊发展数字经济过程中取得了哪些经验？

贾永清：一是政府主导，方向明确。2016年8月份，为贯彻落实河北省委、省政府的决策部署，市委、市政府基于对未来经济发展大势的研判，决定将“大智移云”(大数据、智能化、移动互联网、云计算)产业作为全市发展的首位产业。

二是政策引导，强化扶持。市政府从政策引导入手，先后出台了一系列文件，围绕企业发展所需要的土地、人才、资金和技术创新等要素，出台了一系列有力的政策措施，成立了“廊坊高科创业天使基金”“科技型企业贷款风险资金池”等，对符合产业发展方向、具有成长潜力和数字经济特征的企业提供资金支持。

记者：当前廊坊发展数字经济还面临哪些难点和挑战？

贾永清：一是协调发展水平亟待提升。由于信息化投入大、见效慢、应用难度高，廊坊家具制造、金属压延等传统产业利用数字技术动力不足。二是产业发展速度快但体量尚小，产业链还不完整。以“大智移云”为引领的数字经济虽然已经具备一定的基础条件和产业优势，但从产业长期发展来看，仍然处于初级阶段。

面对以上难题和痛点，我们主要从以下几个方面入手。一是政策引领。用好省市两级技改项目资金，加大对传统行业升级改造项目的支持力度。二是搭建平台。针对中小企业信息化水平低的现状，在全省率先积极探索“平台+数据+应用+服务”的涉企服务新模式。三是典型示范。每年从不同行业中遴选5家信息化建设示范企业，对示范企业在政策帮助、资金扶持和重大事项协调等方面给予倾斜。四是补链强链。各园区在招商选资时，重点放在传统产业及关键节点补链、强链、扩链上。要采用大数据、云计算等技术，加速推动产品增值提升，实现由廊坊制造向廊坊智造、廊坊创造的跨越。

看点

大数据为货车司机护航

本报记者 綦婧婧

最新资料显示，我国货车司机群体有3000多万人，由于工作性质、行业特点和组织制度等多方面现实原因，加之传统社会管理思维和技术手段的限制，这个数量庞大的职工群体面临不少工作难题。调查显示，一方面，油价、空驶率、贷款成本等导致货运成本过高；货车司机长期处于高强度、高风险、高疲劳的工作状态，月平均劳动收入仅6000元，缺乏基本的社保、必要的劳动保护和安全保障。另一方面，货车司机群体大多文化程度不高，职业满意度低，社会认可度较差，思想和情绪长期处于压力边缘。

随着互联网和大数据技术的快速发展，货车司机群体的痛点难点迎来了更有效的解决方案。中华全国总工会等有关部门意识到，借助“组织+互联网+大数据”的技术创新，可以对症下药地解决相关问题，提高货车司机归属感、获得感和幸福感，使其成为福利有保障、工作有尊严的职业。

“对货车司机这个高度分散的群体而言，通过整合市场资源，并保持公益性的本质，采取‘互联网+’思路，以高频度、高黏性、个性化、普惠性服务贴近他们的心，才能真正切中痛点、解决问题。”润泽科技发展有限公司董事长周超男认为，“互联网+”是大数据技术的创新应用，不仅可为货车司机创造更优质的利益模式，还能带来全新的生产、生活和学习方式。

首先，在工会主导下设立市场化的网络服务平台，对加油、保险、路桥、购车等市场资源集中议价获取较低折扣，通过互联网技术将碎片化的信息集中和共享，实现优化交易服务。据初步统计，每年可为每名货车司机节省实际支出5万元以上。其次，通过网上加入工会的方式，让货车司机加入工会组织并成为会员，享受广度、深度、频度更优的服务，从而使各级工会组织能为货车司机提供教育、培训等普惠性服务。第三，通过信息平台设立“互助基金+再保险”方式，可实现快速救援理赔，有效增加货车司机的安全保障。第四，通过“线上+线下”的O2O模式，在公路沿线设立实体站点，提供贴心便捷和智能化的配货、维修、餐饮、购物等服务，成为货车司机的第二个“家”。

目前，相关技术日渐成熟，即通过在货运卡车安装数据采集设备，对“人、车、路、货”的数据信息全面采集提取，实现数据累积并传至大数据中心过滤、挖掘、分析，形成可视化信息。2016年底，全国总工会网络工作部已经启动建设面向货车司机的“互联网+”普惠性服务谋划部署工作。今年，全国总工会又将“推进工惠驿家网络普惠示范性项目”写入年度工作要点，润泽科技、聚能重工集团等一大批有社会责任感的企业积极响应参与，关爱货车司机的行动正在如火如荼地开展起来。

AI医疗站上新风口

本报记者 吴 浩

近年来，人工智能(AI)与医疗相结合成为医疗行业发展的趋势之一，AI医疗也成为数字经济时代资本竞逐的新风口。据统计，2017年中国AI医疗市场规模已超过130亿元，2018年有望达到200亿元。预计到2025年，人工智能应用市场总值将达到1270亿美元，其中医疗行业将占据1/5市场。有专家预测，AI医疗市场空间极为可观，未来的营收规模或将达到万亿元以上。

“AI在整个医疗服务体系中可以扮演不同的角色，从预防保健到疾病诊断治疗，再到康复以及养老，都存在不同的应用结合点。”经纶世纪医疗网络技术(北京)有限公司创始人兼总裁余中认为，AI技术不仅可以用于辅助诊疗，还可以明显提升基层医疗服务水平。

AI技术用于辅助诊疗，是以AI的深度学习技术来获取专家的医疗知识，模拟人类医生的诊断思维，从而给出准确专业的诊断和治疗方案。这是AI在医疗场景中最为核心的应用需求。

“当前，我们正在试点‘全科医生智能助手’机器人，通过人工智能来帮助基层全科医生提高疾病诊疗能力。这样就可以方便老百姓看病，做到早诊断早治疗，有效预防小病转变为大病，减少老百姓看病支出，从而达到缓解看病难、看病贵问题。”余中说。

目前，AI医疗获得了国家层面的支持。在2017年国务院印发的《新一代人工智能发展规划》中，明确提出发展智慧医疗。围绕医疗、养老等民生需求，加快人工智能创新应用，可为公众提供个性化、多元化、高品质服务。

“国家大力发展AI应用，这个大方向极其重要。在医疗健康领域很可能形成‘中国模式’，为全世界发展带来积极影响。”余中表示，国家应以更开放的心态推动AI医疗健康发展。同时，由于医疗涉及老百姓的生命健康，在AI医疗使用过程中必须加强监管和引导，要在政府和市场之间找到平衡。当务之急，要尽快确立AI在医疗健康服务领域的标准、评估方式和保障机制。

经济日报 2018 数字经济大会特别报道①

数字经济激发传统产业变革

本报记者　陈　静

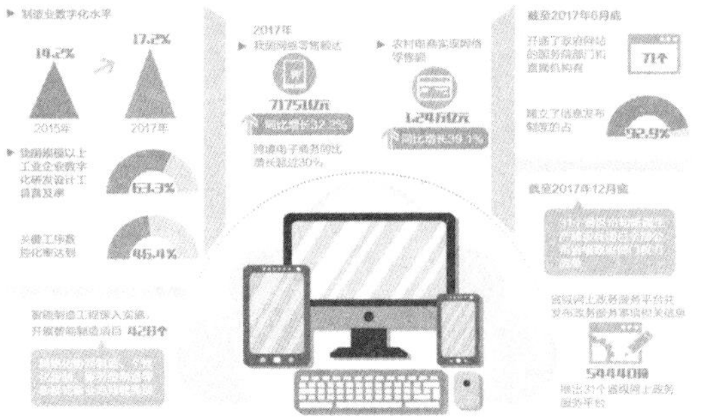

聚焦

数字经济的能量不仅在于网信产业本身，也来自与传统产业深度融合所激发出的新变革。业内专家认为，传统产业由于应用数字技术所带来的生产数量、质量和生产效率提升，其新增产出构成了数字经济的重要组成部分。

今年的《政府工作报告》提出，在医疗、养老、教育、文化、体育等多领域推进"互联网+"，发展智能产业，拓展智能生活。运用新技术、新业态、新模式，大力改造提升传统产业。这说明，数字经济在以数字化丰富要素供给，以网络化提高要素配置效率，以智能化提升产出效能，既能推动经济发展的质量变革、效率变革和动力变革，也将不断提升公共服务水平，增强广大人民群众的"获得感"。

数字经济与传统产业的融合为转型升级带来了怎样的新动能？又如何作用于普通人的工作和生活？

"互联网+产业"提升效能

"在消费者端，在网上花几百万元买艘游艇已经不是新闻。去年在我们采购平台上最大的一笔在线订单是1.06亿元，而且一天就完成了。这笔订单里面有2000种采购品，子类目就有170项，有60多家供应商服务这笔订单。能够实现这样一笔订单，是因为数字化的自动分单、拆单，让不同的供应商向采购商提供报价，在线就能完成采购流程。"阿里巴巴中国内贸事业部工业品行业总经理陈意明这样介绍阿里巴巴的工业品采购平台，"通过数字化的解决方案，大企业就可以与小企业顺畅地连接在一起，企业采购也会变得更加高效、透明和分散。"

1.06亿元的庞大订单一天完成，这正是产业互联网效能的体现。信息化、数字化、智能化已成为推动经济发展向高质量转变、提高全要素生产率的重要动力引擎。

在制造业领域，软件定义、数据驱动、平台支撑、服务增值、智能主导的特征日趋明显。制造业数字化水平由2015年的14.2%增长到2017年的17.2%。我国规模以上工业企业数字化研发设计工具普及率达到63.3%，关键工序数控化率达到46.4%。智能制造工程深入实施，开展428个智能制造项目，网络化协同制造、个性化定制、服务型制造等新模式新业态持续涌现。在服务业领域，融合同样带来了"提档升级"，2017年我国网络零售额达71751亿元，同比增长32.2%，跨境电子商务同比增长超过30%。农村电商实现网络零售额1.24万亿元，同比增长39.1%。

在专家们看来，产业互联网仍大有潜力可挖。制造业是实体经济的主战场，但我国制造企业数字化发展不平衡不充分问题依然突出。一些企业达到3.0水平，但大部分企业，特别是广大中小企业仍处于2.0阶段。多数企业数字化水平较低，网络化、智能化演进基础薄弱，工业网络标准、技术、产业的自主创新仍然不足。在平台支撑方面，我国工业互联网平台起步较晚，与国际先进水平相比，平台商业成熟度存在一定差距，龙头企业缺乏，核心能力薄弱，生态相对滞后。

"互联网+政务"深化改革

"福州网上审批和项目全程代办按时办结率达100%、最快办件时间3分4秒；青岛'一窗式'企业设立联合办理，平均办理时限为1.39天，提速82.6%；广州行政审批服务效率比承诺时限平均提速60%以上。这就是我们'互联网+政务服务'解决方案所带来的体验提升。"浪潮集团董事长兼CEO孙丕恕这样告诉记者，"智慧政府提升了政府公共服务能力和社会治理水平，'互联网+政务'也是政务互联互通全面落实简政放权、深化行政审批制度改革的必要手段。"

数据多跑路，百姓少跑腿。正如孙丕恕所说，"互联网+政务"服务深化着"放管服"改革。截至2017年6月底，71个国务院部门和直属机构开通了政府网站，92.9%建立了信息发布制度。线上线下一体化政务服务平台基本形成。截至2017年12月底，31个省区市和新疆生产建设兵团已全部公布省级政府部门权力清单，省级网上政务服务平台共发布54440项政务服务事项的办事指南，网上办理、结果查询服务，推出了31个省级网上政务服务平台。全国省级工商和市场监管部门建设企业全程电子化登记系统，发放电子营业执照，逐步实现企业"足不出户"办理营业执照。

"互联网+政务"也在公安、金融、法院等垂直场景中得以应用。"电子身份证"（居民身份证网上功能凭证）在衢州、杭州、福州3个城市开始试点；中央银行会计核算数据集中系统、金融业统计平台已经建成；全球首家互联网法院在杭州揭牌，100%在线开庭审理案件，开庭平均用时仅25分钟，平均审理期限32天，构建了网上法治新空间。来自第三方的数据显示，2017年我国电子政务市场规模达到2722亿元，同比增长16.2%，近三年复合增长率达到14%，预计2018年市场规模将突破3000亿元。

"2017年我国省级政府的网上政务服务能力显著提高，一体化网上政务服务平台体系初步建成；全面优化网上服务成为深化行政审批制度改革的亮点；'应上尽上，一网服务'成为规范行政权力运行的重要抓手；'一次认证，全网通办'成为发展重点；政务系统互联互通和信息共享成为提升网上政务服务能力的核心。"国家行政学院电子政务研究中心主任王益民表示，"下一步需要推动构建全国统一规范的'互联网+政务'服务体系，实现政务服务'一网通办'和'全国漫游'。"

"互联网+民生"突破瓶颈

"孩子腋下有硬包是什么病，该挂哪一科？"回答这个问题的不是医院的分诊台，而是人工智能引擎。腾讯的首款医疗AI引擎"腾讯睿知"目前在广州妇女儿童医疗中心得以应用。智能导诊利用大数据与人工智能解决资源错配问题，通过智能的人机对话，基于大数据打造的知识图谱、结合人工智能算法模型，实现对疾病及病程的预判，帮助患者推荐合适的科室和医生。

数字经济的发展，要响应人民对美好生活的向往，信息化已成为保障和改善民生的重要手段。教育、养老、医疗、交通等"老大难"问题在"触网"后的新面貌，让人民群众在共享互联网发展成果上有了更多获得感。

从目前来看，教育和医疗成为"互联网+民生"的两个重要突破方向。在教育领域，"互联网+教育"扩大优质教育资源覆盖面。截至2017年底，全国中小学互联网接入率达90%，是五年前的3.6倍，多媒体教室比例达87%，实现了翻番，教育资源公共服务平台建设初具规模，平台注册用户已达6800万人。截至2017年6月底，在线教育用户规模达1.44亿，在线教育使用率达19.2%。

在医疗领域，基本医保异地就医直接结算稳步推进。建成全国异地就医系统，31个省（区、市）及新疆生产建设兵团全部接入系统，基本实现跨省异地就医住院费用直接结算，减少患者"跑腿"和"垫资"压力。28个省份共制发居民健康卡1亿多张，全国三级医院全面实现电子病历诊疗，不断开展互联网健康咨询、预约就诊、移动支付等。1.3万余家医疗机构开展远程医疗服务，已覆盖所有国家级贫困县。健康医疗大数据建设积极推进。

"根据我们发布的《中国"互联网+"指数报告（2018）》，在高速增长的全国数字经济总产业中，医疗、教育延续了去年的爆发式增长势头，产业指数增速继续领跑所有行业，分别达到371.90%和226.09%。"腾讯研究院产业经济中心主任李刚这样表示，"在这两个行业中，也可以看到正在从模式创新驱动到技术驱动的变化趋势。拿医疗来说，最早的'互联网+医疗'是从线上挂号开始，这只是浅层次提升医院效率的方式，但随着数据打通的实现和人工智能等技术的加入，'互联网+'正在进入包括智能导诊、医保结算支付、早筛等最核心的诊疗环节中，从而为缓解'看病难'作出更大的贡献。"

观察

抓住机遇做强数字经济

鲁春丛

数字经济是信息化发展的高级阶段，是继农业经济、工业经济之后的新型经济形态。数字经济以使用数字化的知识和信息作为关键生产要素、以现代信息网络作为重要载体、以信息通信技术的有效使用作为效率提升和经济结构优化的重要推动力。

我国的数字经济主要包含两大部分：一是信息通信产业部分，包括电子信息制造业、电信业、软件和信息技术服务业等；二是数字经济融合部分，即传统产业通过应用数字技术实现生产效率和质量的提升。2017年，我国数字经济总量达到27.2万亿元，占国内生产总值比重达到32.9%。数字经济领域就业人数达到1.71亿人，占当年总就业人数的22.1%。

当前，我国发展数字经济面临三大机遇。一是政策红利释放的机遇。近年来，我国网络提速降费、大数据、"互联网+"、人工智能、分享经济、工业互联网、信息消费等一系列重大政策正在推进实施，各地对数字经济支持力度不断加大。二是产业转型机遇。以移动互联网、工业互联网、云计算、大数据、人工智能等为代表的新一代信息通信技术快速发展，引发软硬件等核心技术体系升级，深刻调整产业格局。三是经济转型的机遇。数字化新技术新应用正在全方位、全角度、全链条改造传统产业，传统产业数字化、网络化、智能化转型步伐加快，网络连接、平台支撑、软件定义、数据驱动、智能增值成为主要特征，为数字经济发展开辟了巨大空间。

中国特色社会主义进入新时代，加快数字经济发展，是紧跟时代步伐、顺应产业规律的客观路径，是着眼全球、提升综合国力的战略选择，是立足国情、推动高质量发展的内在要求。推动数字经济加快发展，要致力于做好三方面工作：

一是增强要素供给能力。推动数据资源高效汇聚、协同开发和合理利用，充分挖掘数据价值；提升信息通信技术自主创新能力和产业高端发展水平；创新适应数字经济发展的投融资渠道；培育数字化人才队伍。

二是推进企业数字化转型。增强传统企业对数字化转型的观念引导和价值认知。加大工业数字化转型示范推广力度。培育一批数字化转型解决方案提供商，拓展传统企业全产业链数字化服务能力，降低企业转型成本。

三是提升数字经济治理能力。完善适应数字经济发展政策法规，构建以《网络安全法》为核心，关键信息基础设施保护、大数据安全管理、跨境数据流动等重点领域专项立法同步推进的网络安全制度体系。利用大数据等技术手段，促进监管数据有效共享和高效协同，提升融合监管能力。同时，还要重视数字经济重大理论研究。

（作者单位：中国信息通信研究院）

看点

碳纤维智能制造助汽车轻量化

本报记者　暴媛媛

"我们的工业4.0碳纤维复合材料部件智能生产线采用新一代HP-RTM湿法工艺，使单个部件的成型时间从几个小时降低到3分钟以下，实现了碳纤维部件制造的规模化、产业化。"康得复材质量部质量总监宋文娟告诉经济日报记者，年产150万件碳纤维复合材料部件的康得复材廊坊基地一期建设目前已经完成，二期建设正在顺利展开。

高度集成化的工业4.0碳纤维复合材料部件智能生产线最大限度地降低了工人的数量，把人工所造成的质量不稳定降到了最低，使复合材料在汽车领域的应用真正能够达到低成本、高速率、高质量，满足汽车工业对轻量化的巨大需求。

今年的北京国际车展上，作为国内碳纤维复合材料的领军企业，康得复材携全碳纤维车身、碳纤板簧、Surface-RTM零部件等最新研发产品惊艳亮相，展示了国内汽车碳纤维复合材料轻量化的最高水平。

自2013年起，康得集团开始布局碳纤维产业板块，通过投资中安信科技有限公司率先实现了碳纤维的高端化；通过投资康得复材，建成国内领先的碳纤维车体工业4.0智能制造平台；作为中德两国合作的典范，康得还在慕尼黑建立复合材料研发中心以及汽车轻量化设计中心，成为碳纤维复合材料轻量化整体解决方案提供商，实现了碳纤维复合材料产业发展的平台化。

2017年4月份，康得复材发布了碳纤维车体工业4.0智能制造平台。这是到目前为止全球领先的规模最大、技术最先进的碳纤维复合材料智能制造平台。"从产品设计开始，一直到集成整车，大数据产生、收集和分析始终伴随整个生产管理过程，这为碳纤维智能制造提供了基础。"康得复材品牌发展部部长苏欢介绍说，去年以来康得复材已与北汽、长安、广汽、东风、蔚来以及国际一线汽车厂商等全球59家汽车企业建立了业务合作关系，全面推进汽车轻量化产业发展，产品涵盖汽车结构件、覆盖件、汽车装饰件、碳纤维白车身等，多个项目已进入或将进入量产阶段。

带动新型显示产业协同创新——

我国首条全柔AMOLED生产线运行

本报记者　崔国强

5月17日，由北京维信诺科技有限公司主导建设的我国首条第6代全柔AMOLED（有源矩阵有机发光二极管）面板生产线在河北省廊坊市固安县启动运行。第6代全柔AMOLED生产线设计产能为每月3万片，可以实现国内全柔AMOLED面板供应，解决终端厂商创新应用需求，标志着我国在全柔AMOLED产业化方面，不仅拥有了创新技术研发实力，同时具备了大规模量产出货的能力。

在新型显示技术产品的家族中，柔性AMOLED除了拥有自发光的特性以及更好的显示效果外，还可以实现任意弯曲、折叠拉伸显示。正是因为这些特点，柔性AMOLED作为引领未来潮流的新型显示技术，将为终端应用提供无限创新空间。创新的柔性AMOLED产品未来将扩展至车载、近眼显示、服装、日用生活品等各领域，助力显示屏全产业链再上新台阶，开启"泛在屏"新时代。

据悉，依托维信诺对生产线的前瞻性设计，该条全柔AMOLED生产线能够持续产出柔性固定弯曲显示屏、柔性卷曲显示屏、柔性折叠显示屏、全柔显示屏等迭代型柔性AMOLED显示产品，不仅打破了显示产业固有的产品形态，还将为消费电子、物联网、互联网、人工智能、大数据等产业链的显示应用提供定制化的解决方案，重塑全产业创新格局。

新型显示产业是河北省战略性新兴产业发展的重中之重。第6代全柔AMOLED生产线的建设不仅代表了我国新型显示产业的最高水平，也填补了河北省在OLED产业领域的空白。通过加速上游企业核心材料、关键设备的国产化进程以及下游企业在智能手机、智能穿戴、车载显示、VR等终端产品的创新应用，拓宽显示产业链。第6代全柔AMOLED生产线将促进河北省企业间协同研发，培育区域高质量发展新支柱。

记者在采访中了解到，在技术创新能力上，维信诺已拥有3500余项OLED相关专利，并主导制定了多项OLED国际标准、国家标准、行业标准，成为首家制定柔性显示国际标准的中国企业。第6代全柔AMOLED生产线作为目前国内最专业、最先进的全柔生产线，将打破日韩等国在显示技术领域的垄断地位，改变国内智能、可穿戴终端厂商生产受制于国外垄断的被动局面，逐步提升中国在全球市场的占有率，助力我国实现从显示大国到显示强国的目标。

经济日报 2018 数字经济大会特别报道②

2018数字经济大会5月18日举办——

用好数字经济新动能 助力经济高质量发展

经济日报·中国经济网记者 周雷

聚焦

5月18日，"2018数字经济大会"在河北省廊坊市举办。大会以"新时代·新动能——数字经济 智慧未来"为主题，与会专家及业内人士围绕数字经济产业发展的探索实践展开了深入探讨。

与会嘉宾一致表示，中国经济正在转向高质量发展阶段，当前最重要的是以习近平新时代中国特色社会主义思想为指引，深入贯彻落实党的十九大精神，践行新发展理念，加快创新驱动，让数字经济更好服务于现代化经济体系建设和高质量发展。

本次大会由河北省人民政府、经济日报社主办，河北省工信厅、河北省商务厅、河北省通信管理局、廊坊市人民政府、润泽科技发展有限公司承办。来自国家有关部委、河北省等省区市及国内外著名专家学者、企业界和媒体等方面的代表600余人参会。

5月18日，"2018数字经济大会"在河北省廊坊市成功举办。 王彩摄

壮大新动能

发展数字经济是贯彻落实"创新、协调、绿色、开放、共享"五大发展理念的重要举措，是顺应时代趋势、抢抓发展机遇的重大战略。

近年来，党中央、国务院高度重视发展数字经济，作出了一系列重要部署，各部门、各地方积极行动、主动作为，广大企业开拓创新、奋力前行。当前，我国数字经济发展势头日趋强劲，数字红利加快释放，辐射带动作用不断增强。有关数据显示，2017年我国数字经济规模达27.2万亿元，同比增长20.3%，数字经济对国民经济的贡献显著加大。

"在数字经济领域，中国正在从跟跑者、并跑者逐渐变为领跑者。以互联网、大数据等为代表的数字经济已经深刻融入我国经济社会各领域，正成为推动经济发展质量变革、效率变革、动力变革的重要驱动力。"经济日报社社长张小影说，自主创新能力明显增强，信息基础设施全面提升，数字经济正在与实体经济加速融合，网上购物、移动支付、共享单车等都在深刻改变人们的生活方式。

张小影认为，当今世界数字经济已经进入到加速创新引领发展的新阶段，谁引领了数字经济，谁就掌握了新一轮发展的主动权。

"河北有发展数字经济的良好基础和现实需要，有发展数字经济的难得机遇，更有发展壮大数字经济的信心和决心。"河北省人民政府副省长夏延军说，目前河北省已投入运营张北云联数据中心、数据港张北数据中心、润泽国际信息港、华为廊坊云计算基地、中国联通华北基地等一批大数据中心。

把握新机遇

习近平总书记在不久前举行的全国网络安全和信息化工作会议上明确指出，"要发展数字经济，加快推动数字产业化"。这一表述引起了众多嘉宾的强烈共鸣。

"数字产业正在进入一个新的周期，其最大特点就是ICT（信息和通信技术）和数字基础设施将被各行各业广泛应用。数字技术已经从以前的办公支撑系统变为生产系统和决策系统，成为新时期企业的核心竞争力。"信息技术领军企业华为技术有限公司副总裁马悦表示，数字技术的创新将给所有产业带来进一步的繁荣，同时能够驱动数字经济和实体经济进一步增长。

不久前华为发布的《全球产业展望GIV2025》显示，随着万物感知和万物互联的升级，人类将进入一个万物智能的世界。到2025年，全球个人智能终端将达到400亿，全球联接总数将达到1000亿，将创造23万亿美元的产业价值。

马悦表示，华为拥有ICT基础设施建设的经验和能力，具有ICT基础设施和平台管理优势。"在三十而立的新阶段，华为也确定了企业发展的新愿景与新使命。我们要把数字世界带给每一个人、每一个家庭、每一个组织，构建万物互联的智能世界。"

"数字世界的一大好处是各种数字产品可以几乎零成本地供应。我们要透过科技、人文等一起实现梦想，大家一起共创、共享未来。"威盛电子股份有限公司董事长陈文琦表示，5G和未来通讯本质上都是通过强大的计算能力，让用户享受到更好的通讯服务。为此，威盛一直努力推动中国"芯"的发展。"芯片产业非常重要，中国企业一定会越做越好。"陈文琦说。

实现新蜕变

数字经济既是我国经济转型升级的新引擎，也是发展提质增效的新动能。与会嘉宾认为，要着力推动产业数字化，利用互联网新技术、新应用对传统产业进行全方位、全角度、全链条的改造，提高全要素生产率，释放网络和信息技术对经济发展的放大、叠加、倍增作用。

多个机构的预测均显示，工业互联网的规模极其巨大。富士康工业互联网股份有限公司董事长陈永正表示，发展工业互联网，实施智能制造，旨在更好地提高质量和效率、降低成本、减少存货。能否取得上述效果，很大程度上取决于能否采集到有效关键数据，这也是工业互联网发展必须面临的挑战。为此，富士康旗下鄂创面板工厂目前正在运用16K摄像机采集数据，以确保精准监测。此外，富士康还着力破解工厂内部大量数据安全有效传输的难题。

陈永正表示，怎样收集数据，采集什么数据，不同形式的数据如何传输、储存、分析，是发展工业互联网必须面对的现实挑战，也是一个重大机遇。

"数字经济的发展需要管理者、生产者、消费者共同为其营造一个清洁的经济活动环境。"原信息产业部部长吴基传表示，数字经济对社会将产生巨大影响。但同时也要认识到，随着数字经济的发展，新的生产方式与传统方式之间的差异必然会凸显出来，这需要我们适应新时代的新要求，不断开拓创新，不断主动调整。

观点

河北有信心发展壮大数字经济

河北省人民政府副省长 夏延军

近年来，我国数字经济取得突飞猛进的发展，已经融入我国经济社会的各个领域，正成为推动经济发展质量变革、效率变革、动力变革的重要驱动力。

河北省委、省政府高度重视数字经济，把发展数字经济作为河北深化供给侧结构性改革、推动创新驱动发展的重要途径。河北相继出台了关于推进"互联网+"行动、大数据、加快发展"大智移云"等政策文件，明确了大数据发展的目标任务，提出了实施大数据产业基地建设应用示范、关键技术研发与产业化等重点任务。

当前，"一带一路"建设、京津冀协同发展、规划建设雄安新区和筹办北京冬奥会等重大机遇在河北叠加，为河北发展带来了前所未有的历史窗口期和战略机遇期，催生了对数字经济井喷式的旺盛需求。同时，河北要实现高质量发展，推动传统产业改造升级，培育战略性新兴产业，加大力度治理生态环境，这一切都迫切需要加快发展数字经济，以信息化培育新动能，用新动能推动新发展。

河北有发展数字经济的良好基础，有发展数字经济的现实需求，有发展数字经济的难得机遇，更有发展壮大数字经济的信心和决心。 （本报记者 马春阳整理）

高度关注并助推数字经济发展

经济日报社社长 张小影

数字经济已经日益成为全球经济增长的重要驱动力，在实现包容性增长和可持续增长中发挥着重要作用，惠及世界人民。当前，中国特色社会主义进入新时代，中国经济已由高速增长阶段转向高质量发展阶段。推动数字经济蓬勃发展，对于拓宽我国经济发展空间、培育发展新动能、满足人民日益增长的美好生活需要，都具有极为重要的意义。

党的十八大以来，以习近平同志为核心的党中央高度重视发展数字经济，习近平总书记多次发表重要讲话，对建设网络强国、数字中国、智慧社会都作出了一系列重要论断，谋划了一系列重大战略部署，这为我们准确把握我国发展新的历史方位、全面贯彻落实新发展理念、加快发展数字经济提供了根本遵循。

经济日报是党中央和国务院指导经济工作的重要舆论阵地，也是中国最具影响力的经济大报和新型主流媒体集团。我们在认真做好习近平新时代中国特色社会主义经济思想宣传，深入阐释解读党中央关于经济工作重大决策、重大部署、重大举措的同时，一直以极大的热情关注着数字经济等新经济、新动能、新业态的发展。

我们和河北携手举办2018数字经济大会，旨在为社会各界搭建一个沟通和交流的平台，汇集众智，共同为发展壮大中国数字经济、推动中国经济高质量发展贡献力量。

（本报记者 李嘉丹整理）

共创数字经济健康发展环境

原信息产业部部长 吴基传

数字经济是当前最热门的话题，也是世界各国重视和关注的前沿性、战略性问题。

所谓数字经济，是用数字化的知识和信息作为关键生产要素，以现代信息网络作为重要载体，以互联网技术的应用优化经济结构、提升经济效益作为重要推手，从而形成的完整、综合、相互融合的现代经济活动。数字经济是随着信息化技术革命的深入发展而产生的现代化的经济形态。

当前，世界信息技术仍处于高速发展阶段，尤其微电子技术、软件技术、智能网络技术、计算机及大数据分析技术以及智能终端技术等的创新发展，极大地促进了互联网、移动互联网、云计算服务、物联网以及人工智能的应用。它不仅促进了现代工业数字化、现代农业数字化、现代社会管理数字化，还催生出众多新产业及全新的服务模式，形成了可极大改变社会生产、消费和管理的新经济业态。这意味着，管理者、生产者、消费者要共同努力，为促进数字经济的健康发展提供清洁的经济活动环境。 （本报记者 綦娇娇整理）

多款创新科技产品亮相数字经济大会——

数字科技敲开创新之门

本报记者 李景

在2018数字经济大会上，一批高科技重点项目集中亮相，许多深耕数字领域的企业带着最新的创新科技产品参展。这些展品涵盖办公、医疗、影音娱乐等众多领域，除了新奇独特的功能引人关注之外，每款产品背后都有大数据、云计算等先进技术的支撑。业界专家表示，数字技术的逐步成熟不仅敲开了创新之门，更为市场和消费者带来了巨大的想象空间。

大会现场，语音技术供应商科大讯飞推出的一款"智医助理"机器人备受关注。该机器人已于今年3月份在安徽合肥的社区医院"上岗"，可辅助基层全科医生完成日常诊疗工作，并可对150多种常见病提供诊断意见。由于其具有强大的学习能力，迭代升级指日可待。

"我们希望'智医助理'能更多地进入基层医院，用AI技术服务中国的健康事业。"科大讯飞智慧医疗事业部副总监赵渊勇表示，"智医助理"人工智能辅助诊疗系统由科大讯飞与清华大学联合研发。它可根据医生与患者的对话生成电子病历，为医生后续诊断提供基础服务。同时，医生还可以通过"智医助理"查看病人病史，查询相似病例、临床指南等。通过认知智能相关技术，"智医助理"全面学习了相关医学专业教材、临床指南和经典病例等海量资料，掌握了大量医学知识，辅助医生提升诊疗质量、提高诊疗效率。

"我们会让路灯变得'聪明'起来。"南京云创大数据总裁刘鹏告诉记者，公司研制的智慧路灯伴侣可通过直接挂载到城市既有路灯或墙体上，提供全景监控、人脸识别、车牌识别、城市巡查、环境监测、便民服务、WiFi覆盖等城市功能，以相对低廉的成本将普通路灯升级为智慧化的城市基础设施。"通过人工智能技术，具有自我保护功能的智慧路灯伴侣能够帮助公安、城管、交通、环保、地震等部门提升城市管理与服务水平。"刘鹏说。

"测算显示，至2020年，预计将有1亿消费者通过增强现实技术来购物。"润泽科技首席科学家张旭带来的Vieewer AR智能眼镜enter点切入出行、购物、社交等日常生活消费的"痛点"，试图开启全新的生活方式。

"VR眼镜的现实应用其实并不遥远，可佩带、可穿戴的时代已经来临。"张旭表示，润泽科技自2012年开始涉足AR技术研发，目前已申请并获得数十项全球相关核心技术专利，涉及光学、结构、硬件和集成电路、图形图像处理、声学等众多专业。润泽科技的梦想是在AR智能眼镜领域实现技术超越，引领智能硬件消费新趋势。

"以前一个平台最多能实现4种场景，但易思捷实现了7大业务场景，成功提供了云计算基础设施及服务的一站式解决方案。"IT基础设施服务品牌易思捷市场部总监洪文婷带来了基于"137"架构的企业云平台管理软件。

所谓"137"是指"1个平台、3种门户、7大场景"，能帮助企业搭建自己的云平台。洪文婷表示，如果企业已经拥有虚拟环境或者云环境，该平台也可在不改变现有云环境和架构的情况下，统一管理企业的私有云、公有云或混合云环境，帮助企业获取不同云环境下的计算或应用资源，提升企业运维和管理效率。

专家告诉记者，无论人工智能还是移动互联网，这些智慧创新的基础技术都是数字技术。随着云计算、大数据收集分析数据能力的不断成熟，未来的数字产品将触手可得、触处可见。

经济日报 2018 数字经济大会特别报道③

5月18日，在2018数字经济大会“大智移云”展会上，工作人员正在讲解“视频云”的相关技术。

本报记者 李鑫丹歌摄

数字经济·前沿论坛聚焦行业发展——

发展数字经济先要有“数字逻辑”

本报记者 綦婕婕

2018数字经济大会平行论坛——数字经济·前沿论坛，5月18日下午在廊坊京津冀大数据中心召开。数字经济正在我国蓬勃发展，如何持续保有不竭动力？如何坚守世界数字经济产业前沿位置？围绕这些话题，嘉宾们展开了深入讨论。

“互联网技术的快速发展带动了新业务的交替、新商业模式的互动，同时也为农业、工业、服务业转型升级和变革提供了助力。”中国互联网络信息中心副主任曾宇说，以数字经济为代表的经济发展模式正在到来，并呈现出突出的特点：一是全球信息技术创新日益加快，信息领域格局此消彼长，以云计算、物联网、大数据和人工智能为代表的信息技术高速发展，智能感知等技术领域创新方兴未艾，无人驾驶、智能制造、智慧医疗等层出不穷。二是信息技术产业将继续进入后金融危机时代，当前全球信息技术产业逐步进入大并购，产业并购整合一浪高过一浪。三是物联网发展成为新的增长点。随着智能家居、车联网、智慧城市的发展，2020年全球接入物联网设备将可能超过200亿台，由此将带来整个信息产业的重构。

“经济数字化有利于释放数字对经济发展的放大、叠加、倍增作用，推动经济实现高质量的发展。以此为基础，未来数字经济规模继续大幅提升将是大势所趋。”在中央政策研究室经济局原副局长白津夫看来，正确认识数字经济的发展前景和趋势，首先要具备“数字逻辑”。一方面，过去几轮经济转型更多的是从技术和产业层面出发，现在研究经济转型，不可忽视数字的力量和作用。另一方面，经济数字化转型是实现经济高质量发展的必由之路。在传统产业转型升级的过程中，不可避免地会出现增长的波动，在此过程中，包括数字经济在内的新经济业态，在整个经济下行过程中起到了重要的对冲作用。

数字革命的全新性、颠覆性体现在何处？中国国际经济交流中心总经济师陈文玲认为，变革主要体现在五大方面：一是引发制造业业态变革。制造业成为智能制造，制造业业态也将实现由信息驱动形成的全新价值链。二是引发经济业态的根本性变革。三是引发流通形态的变革。包括商务流、信息流、资本流在内，流通的过程将数据化，而信息作为流通的基本要素，将是大流通中最大的变量，也将促成线上线下融合、实物虚拟融合。四是社会形态和社会治理将会发生革命性的变化，智慧城市、数据社会、社区交往、信息传输、互换等都会发生根本变化。五是城乡形态将发生根本性变革。在数字经济条件下，通过物联网、互联网、大数据、云计算、云服务、人工智能等，将城市与乡村连接并融合，使相关要素和优势资源借助数字流动向农村移步。

数字经济·发展论坛上，专家热议——

数字经济增强传统产业“续航”能力

本报记者 李景

由中国信息协会信息化促进工作委员会主办、河北省通信管理局和腾泽科技发展有限公司承办的数字经济·发展论坛，5月18日下午在廊坊京津冀大数据中心召开。论坛结合当前我国数字经济发展的基本状况、基本特征以及融合发展的机遇挑战，寻找数字经济与传统行业的结合点。

工欲善其事，必先利其器。发展数字经济需要创造良好的基础条件。其中，构建完备的信息通信基础设施体系至关重要。“支撑数字经济发展的基础是多方面的，作为信息通信行业支撑数字经济来讲，主要体现在4个方面，一是无处不在的网络；二是包括通信、信息、网络技术的各类技术；三是日益广泛的各类应用；四是保障数据网络和安全。”河北省通信管理局党组书记周景耀说，数字经济以信息通信为基础，以河北信息通信业为例，省内的基站数特别是4G基站数、光纤光缆的长度、互联网带宽、高速率高带宽用户均在提升。

“以信息网络为载体、信息通讯技术作为重要推动力的经济活动，都可称为数字经济。”国家信息中心首席信息师、分享经济研究中心主任张新红表示，目前我国数字经济总量之所以能稳居世界第二，从结构上看，传统行业的贡献率最为突出，数字经济的发展在传统行业身上得到印证。例如，以电子产品制造、电信服务、互联网产业为代表的基础型数字经济占我国当前数字经济比重的22.8%，增长占GDP的比重一直稳定在6%至8%；以传统产业数字化为特征的融合型数字经济增速高达25.7%，对数字经济增长贡献达88.2%，增速与贡献率均创近五年新高。

显而易见，传统产业的数字化对传统产业的贡献不断上升，其中的增值部分就是与传统产业融合后的融合性数字经济。“2017年，融合性数字经济增速达到25.7%，对数字经济增长的贡献度达到88.2%，这意味着数字经济与传统产业结合产生的聚合效应得到了释放，数字经济的最大舞台还是在传统制造业领域，这也是为什么智能制造、工业4.0被广泛关注的原因。”张新红说。

在传统制造业领域，数字经济新的模式不断涌现，包括网联化协同、智能制造已得到普遍应用和发展，数字经济已经成为传统制造业发展最活跃、最重要的新动能。数字经济不仅作为新业态出现，更是从动能、动力机制上解决了传统产业的问题。“传统产业过去解决不了的问题，在加入数字化的技术和思维之后找到了解决方案，这就是‘数字续航’，通过数字技术重新提升传统行业的价值。”张新红说。

5月18日，在2018数字经济大会上，参会代表在VR体验区体验虚拟购物、虚拟教学等场景。

本报记者 潘笑天摄

数字经济·产业论坛上，专家认为——

数字时代更要重视保护个人信息

本报记者 李鑫丹歌

数字经济时代，在充分挖掘利用大数据的同时，如何保护个人数据信息？在5月18日举办的2018数字经济大会平行论坛——数字经济·产业论坛上，业内专家们就这一让人又爱又恨的话题，分享了自己的体验和建议。

国家超级计算天津中心主任刘光明表示，数字经济所包含的范围非常广泛，包括以数码产业、移动通信、芯片为主的信息技术的产业化；传统产业与信息化融合的传统产业的信息化；基于数据中心、大数据服务等所建立的基础设施的信息化和移动支付、刷卡等生活方式的信息化。

在廊坊银行股份有限公司董事长邵丽萍看来，数字经济首先是它能够真正使信息的供和求之间产生有效衔接；其次是提高效率、降低成本；再次就是个人隐私及信息保护。

与会专家们表示，个人隐私、个人信息保护与数据治理应该引起全社会的高度重视，这是当前发展数字经济的基础。虽然我国有《网络安全法》等法律规定，但仍应不断完善和增强对个人数据的保护，并高度重视通用数据的保护。中科九度总裁魏育成将个人隐私数据分成三类：第一类是属性数据，即个人DNA数据，包括虹膜、指纹、笔迹等可以作为标识的；第二类是行为数据，包括各种出行服务，可以24小时知晓你的位置；第三类是关系数据，包括家人、朋友、同事之间的关系数据所产生的关联。

“欧盟《数据保护基本条例》将于5月25日全面生效，这也被称为是史上最严格。此次实行的保护条例涉及监管机构、数据处理者、数据控制者。”魏育成认为，对于数据处理者和控制者来说这就是针对互联网平台来进行约束，同时也对数据控制者和数据处理者设置了明确的责任。

5月18日，在2018数字经济大会上，参会代表通过智能机器人助理进行身份验证。

本报记者 潘笑天摄

冬奥冰雪小镇项目签约

本报廊坊5月18日电 记者许红洲报道：今天，在2018中国·廊坊国际经济贸易洽谈会上，作为河北省重点合作项目，太子城冰雪小镇举行签约仪式，河北省省长许勤、副省长夏延军参加了仪式。这标志着2022年北京冬奥会配套项目——位于张家口市崇礼区的太子城冰雪小镇，正式进入建设期。

“此次中赫、太舞和首旅组成的联合体能够中选太子城冰雪小镇项目，我们感觉到责任重大，一定会竭尽全力，为举办一届精彩、非凡、卓越的冬奥会做出自己的贡献。”中赫集团董事长周金辉说，同时也会考虑到如何在赛后长期创造价值，抓住消费升级的机遇期，把项目打造成为具有丰富文化内涵和精彩休闲体验的旅游度假小镇。

据介绍，此次中赫集团联合具备丰富滑雪度假小镇开发经验的太舞旅游度假有限公司以及北京乃至中国的龙头旅游企业首旅集团，共同开发这一项目，服务好冬奥，并将为后冬奥时代产业发展做好规划与实施。

该项目招标标的，涵盖高铁站服务配套设施、站前广场、冬奥塔、冬奥会接待酒店、会展中心以及运动康复医院等多类冬奥会服务设施，因此太子城冰雪小镇是名副其实的“冬奥小镇”。

据悉，项目预计总投资200亿元，打造以京张高铁崇礼支线太子城站为核心的冰雪小镇。在崇礼区未来规划和发展定位中，太子城将作为冬奥核心区、国际冰雪赛事和国家冰雪运动推广基地，成为中国北方山地风貌的旅游小镇。

数字经济·遥感中国论坛上，专家表示——

加快数据开发应用 建设遥感技术强国

本报记者 王莉阳

5月18日下午举办的“数字经济·遥感中国论坛”，作为“2018数字经济大会”的重要内容，吸引了与会人员的广泛关注。

遥感是从远离地面的不同工作平台上，如高塔、气球、飞机、火箭、人造地球卫星、宇宙飞船和航天飞机等，通过传感器对地球表面的电磁波辐射信息进行探测，然后经信息的传输、处理和判读分析，对地球的资源与环境进行探测与监测的综合性技术。

中国科学院院士童庆禧在论坛上表示，遥感数据是以一切可能的平台在地面以上的高度获取遥感信息，它具有所有大数据全部特征。“它更加突出的是宏观性、海量性、客观性、多元性、真实性和实时性。人的认知经历了从微观到宏观，而遥感技术的发展正好把我们的认知从宏观拉回到微观，这可以说是人类认识的一个重大飞跃。”童庆禧说。

回顾我国遥感技术的发展史，自1999年我国发射第一颗传输型遥感卫星到今天，已经走过了近20年的历程。“我国的遥感应用经历了从最初实验应用到现在的业务化应用，从开始的影像数据应用到现在的信息应用，从以国内为主的应用开始走向国际应用，从以公益应用开始商业化应用。这些转变都为遥感服务于数字经济的发展奠定了良好基础。”中国资源卫星应用中心主任、中国四维测绘技术有限公司董事长徐文在论坛上说。

据了解，目前全球民用、商用的对地观测卫星达400余颗，其中美国有291颗，中国有44颗，欧洲有34颗，俄罗斯有11颗。对此徐文表示，中国遥感数据的空间分辨率、时间分辨率和类型、性能，正在不断提高、快速发展。

那目前国内遥感技术的发展究竟达到一个什么样的高度？童庆禧表示，任何一个卫星遥感的数据，反映的都是地面的客观景象，而这些景象是不以人们的意志为转移的。“5月9日太原卫星发射中心成功发射我国首颗高光谱综合观测卫星——高分五号，它上面搭载多角度飞行仪器、可见多角度高光谱相机和监测温室气体和大气衡量气体的光谱分析仪等，对于减少排放、了解一些污染气体的源头有极大帮助。”童庆禧说。

5月18日，在2018数字经济大会“大智移云”展会上，工作人员正在向参观者讲解华为“医疗行业全景方案”的技术手段。

本报记者 李鑫丹歌摄

附录二

数字经济大事记

2018

数字经济大会报告

数字经济大事记

央广网副总编辑　伍　刚　整理

数字经济的概念早期出现在 1996 年 Don Tapscott 撰写的《数字经济：智力互联时代的希望与风险》上，在此后，尼古拉斯·尼葛洛庞帝的《数字化生存》、曼纽尔·卡斯特的《信息时代：经济、社会与文化》等著作问世，数字经济的理念迅速流行开来。

全球主要国家地区发展数字经济的战略如下：

美　国

1998 年美国商务部发布了《新兴的数字经济》报告，由此数字经济的提法正式成型。发展数字经济的意义在于不仅仅停留在互联网经济上，更多的是指发展“信息化”的经济。

2015 年 11 月，美国发布数字经济议程。2016 年 12 月美国国家网络安全促进委员会发布了《加强国家网络安全——促进数字经济的安全与发展》报告，提出关于网络安全建设的建议，希望下一届政府继续将网络安全置于美国国家安全的优先位置。委员会表示，考虑到网络安全问题的紧迫性，大部分建议可以而且应该在短期内开始，下一任新政府应在执政头 100 天即启动计划。

欧 盟

2010 年 5 月 19 日，欧盟委员会公布了为期 5 年的《数字化议程》计划，将在欧盟 27 个成员国部署超高速宽带，并将首要任务确定为促进电信领域增长。《数字化议程》明确了涉及 7 大领域的 101 项具体的政策措施。这 7 大领域包括：数字化的单一市场、互操作性、标准、数字读写能力、数字技能、数字包容和利用 ICT 技术为欧盟社会带来福利。这一系列行动致力于促成数字技术投资和应用的良性循环。

2015 年 5 月 6 日，欧盟委员会发布最新数字化战略《数字化单一市场战略》，宣布将通过出台政策改革、版权法、消费者保护、云服务等一系列措施，推动欧盟跨境贸易。该战略确定了三大支柱和十六项具体行动措施，计划在 2016 年底完成，将每年为欧洲公民节约 110 亿欧元的开支。

2016 年 4 月 19 日，欧盟委员会出台产业数字化新规划，旨在帮助欧洲的产业、中小型企业、研究人员以及政府部门充分利用新技术。这一整体的产业数字化计划，将动员欧盟各成员国政府及私营机构投资，总投资额将高达 500 亿欧元。有研究预测，未来 5 年中，产品和服务的数字化将每年为欧洲增加超过 1100 亿欧元的收入。在一些重点领域，欧盟将加快建立共同标准，如 5G 通信网络、云计算、物联网和网络安全等。

德 国

2010 年 11 月，德国联邦经济和技术部发表《德国 ICT 战略：数字德国 2015》，作为指导德国信息通信技术发展的纲领性文件，该战略对德国 2010 年 –2015 年信息通信技术领域的工作重点、任务和重点项目进行了详细介绍。

2014 年 8 月，德国联邦政府出台《数字议程（2014—2017）》，倡导数字化创新驱动经济社会发展，为德国建设成为未来数字强国部署战略方向。

2016 年 3 月 14 日，在汉诺威消费电子、信息及通信博览会上，德国发布“数字战略 2025”。德国宏观经济的成功数字化转型是保持并提高竞争力的前提，实施该战略的目标是将德国建设成最现代化的工业国家。涉及数字基础设施扩建、促进数字化投资与创新、发展智能互联等。这是继“数字议程”之后，德国联邦政府首次就数字化发展做出系统安排，基础设施部分投资预计高达 1000 亿欧元。

英　国

2009 年 6 月，英国政府发布了《数字英国》白皮书，从国家战略高度确立了信息技术的发展蓝图，提出了数字社会、数字经济、数字文化等各方面的详细行动计划。

2013 年 6 月，英国政府发布了《信息经济战略 2013》，确定了四个主要目标：建立一个强大的创新型信息经济部门，向世界出口最先进的产品和技术；促进英国企业积极使用信息技术和数据；保证公民从数字时代中受益；巩固英国信息产业发展。该战略从技术创新、集群发展、市场产业链、公众需求、人才教育以及其他专项建设等多个方面入手，明确了英国信息经济近年的发展方向。

2015 年颁布了《数字经济战略（2015–2018）》。该战略侧重于对数字文化创新的扶持和激励，为英国建设数字化强国确定方向。其包含 5 项战略目标，分别是：奖励数字化创新者，帮助数字化创新者，建设以用户为中心的数字化社会，促进基础设施、平台及生态系统建设以及确保数字化创新的可持续发展。

2017 年 3 月 1 日，英国文化、媒体和体育部发布《英国数字化战略》，旨在通过一流的数字化基础设施、先进的技能培训和有效的监管，确保英国成为开展先进研究、试验新技术以及发展数字化业务的绝佳之地。

2017 年 4 月 27 日，英国《数字经济法》获得皇室批准。政府颁布此法的目的是建立更好的数字化基础设施并为使用数字化服务的公民提供保护。

日 本

2009 年，日本制定了《2015 年 I-Japan 战略》。该战略着力于 3 个领域的重点应用，即通过电子政务，推进政府透明、廉洁、高效；通过电子医疗保健建立居民个人电子健康档案；通过教育和人力资源领域建设，提高学生学习的积极性，培养信息技术人才。

法 国

2008 年 10 月，法国负责数字经济发展事务的国务秘书埃里克·贝松 20 日公布了一项名为“2012 数字法国”的计划，希望通过发展数字技术来推动国民经济增长，应对当前国际金融危机。“2012 数字法国”计划共包括 154 项措施，内容涉及宽带普及、数字电视和移动电话等多个领域。根据计划，从 2010 年起，每个法国人都能够以合理的价格宽带上网，而现在这一比例仅为 61%。政府还将改善学校的上网条件，在 5 年时间内修建 400 个网络基地。

2011 年 12 月，法国工业、能源和数字经济部长埃里克·贝松发布了《数字法国 2020》。该战略主要围绕三大主题展开：发展固定和移动宽带、推广数字化应用和服务（特别是电子政务）、扶持电子信息企业的发展。该战略重点并不是从财政上对法国信息化发展予以支持，更多的是为法国信息化发展创建一个良好的政策环境。

2013 年 2 月，法国政府发布《数字化路线图》，这份路线图旨在实现以下三个目标：通过推进数字化建设，为年轻人提供更多的就业机会；利用数字化提高企业的竞争力；在社会建设和数字经济领域推动法国价值的实现。推进数字化建设，为年轻人提供更多的就业机会，法国政府将通过国民教育、高等教育以及职业教育等途径帮助学生，尤其是大学生，逐渐掌握数字化技术。

澳大利亚

2011 年 5 月，澳大利亚启动国家数字经济战略（National Digital Economy Strategy，NDES）。该战略涵盖至 2020 年时需要达到的 8 个目标，这 8 个目标涵盖如下领域：家庭宽带接入率、企业及非营利机构互联网使用率、智能技术覆盖率、老年人及脆弱人群电子健康档案、远程医疗、远程教学、远程办公及电子政务。

2016 年 10 月，澳大利亚工业创新科学部发布《澳大利亚数字经济升级》报告，指出政府作为数字经济的推动者，在制定数字经济的政策框架方面发挥着重要的作用，并从 6 个方面概述了澳大利亚近年来数字经济的相关政策和发展情况，并提出了未来数字经济的发展趋势。

俄罗斯

2017 年 7 月，数字经济被列入俄罗斯联邦 2018 年 –2025 年主要战略发展方向目录，随后俄罗斯政府正式批准《俄罗斯联邦数字经济规划》。8 月，成立隶属政府信息技术运用委员会（由总理梅德韦杰夫负责）的数字经济分委员会，负责数字经济规划的落实。

中 国

2016 年 9 月，二十国集团（G20）领导人杭州峰会首次提出全球性的《二十国集团数字经济发展与合作倡议》，表明发展数字经济已成为全球共识。过去几十年，数字经济发展迅猛，在经济发展中的引领和主导作用不断增强。预计在 21 世纪上半叶，数字经济仍将唱主角。目前，我国信息技术和产业发展正处于从跟跑并跑向并跑领跑转变的关键时期，特别注重加强网络信息技术自主创新，不断增强数字经济对发展的推动作用。

2017 年 3 月 5 日，十二届全国人大五次会议上，国务院总理李克强在作政府工作报告时表示，将促进数字经济加快成长，让企业广泛受益、群众普遍受惠。这是“数字经济”首次被写入政府工作报告。

2017 年 5 月，习近平总书记在“一带一路”国际合作高峰论坛开幕式上指出，“要坚持创新驱动发展，加强在数字经济、人工智能、纳米技术、量子计算机等前沿领域合作，推动大数据、云计算、智慧城市建设，连接成 21 世纪的数字丝绸之路”。

2017 年 12 月，在第四届世界互联网大会上，中国、埃及、老挝、沙特、塞尔维亚、泰国、土耳其和阿联酋等国家代表共同发起《“一带一路”数字经济国际合作倡议》，进一步聚焦数字互联互通，为“一带一路”数字经济发展增添了新动力。

2018 年 4 月 21 日，习近平总书记在全国网络安全和信息化工作会议上指出：“要发展数字经济，加快推动数字产业化，依靠信息技术创新驱动，不断催生新产业新业态新模式，用新动能推动新发展。”在中国科学院第十九次院士大会、中国工程院第十四次院士大会上的讲话中，他进一步强调：“要推进互联网、大数据、人工智能同实体经济深度融合，做大做强数字经济。”数字经济是一场由信息技术和通信网络不断创新主导的经济革命，它蕴含着特有的经济形态，已经成为培育经济增长新动能、提升传统动能的重要途径。

后记

本书由经济日报社中国经济趋势研究院和润泽科技发展有限公司联合策划、组织和编撰，是“2018数字经济大会”的成果之一，并纳入经济日报社中国经济趋势研究院·中经智库系列丛书。本书的撰写大纲经多次研究讨论决定，内容进行多次修改，最终定稿。虽然我们认真细致地进行编写，但由于专业、时间等限制，本书不免有疏漏之处，真诚地希望广大读者予以谅解，不吝赐教。

我们要感谢河北省人民政府、经济日报社、河北省工信厅、河北省商务厅、河北省通信管理局、廊坊市人民政府、廊坊市商务局、廊坊市工信局、廊坊经济技术开发区、润泽科技发展有限公司等单位对2018数字经济大会以及本书的大力支持和帮助。感谢出席“2018数字经济大会”的嘉宾和为本书贡献了大量精彩内容的作者们。本书参考了大量数字经济方面的研究文献和资料，谨向学术界的各位同仁表达由衷的感谢。

对2018数字经济大会做出贡献的还有以下同志（按姓氏拼音排序）：暴媛媛、蔡京京、曹元水、崔国强、董继伟、董艳丽、高鹏宇、顾行发、郭文鹃、贯宾、贯希、李景、李笠、李涛、李凤文、李盛丹歌、李树芳、林雪岚、龙煦霏、马春阳、潘笑天、邱小曼、任瑛、谭阳、檀平华、王超、王志、王荆阳、卫馨、魏海燕、伍业勤、肖小琴、许红洲、薛良、杨德山、张海燕、赵海龙、赵婉萍、周雷、周文胜、祝敬、曾诗阳。在此一并向他们表示感谢！

本书编委会

2018 年 8 月 18 日